聊城大学学术著作出版基金资助
聊城大学博士启动基金资助
AI赋能大学英语TG-FAR教学模式行动研究与实践（G2024014)阶段性成果

# 从推销到推介

## 商务英语文体风格探索及教学应用策略研究

张 茜 ◎ 著

中国财经出版传媒集团

经济科学出版社
Economic Science Press

·北京·

图书在版编目（CIP）数据

从推销到推介：商务英语文体风格探索及教学应用策略研究 / 张茜著. -- 北京：经济科学出版社，2025.8. -- ISBN 978-7-5218-7021-3

Ⅰ. F7

中国国家版本馆 CIP 数据核字第 2025MC6059 号

责任编辑：何　宁　王文泽
责任校对：易　超
责任印制：张佳裕

**从推销到推介：商务英语文体风格探索及教学应用策略研究**
CONG TUIXIAO DAO TUIJIE: SHANGWU YINGYU WENTI FENGGE TANSUO JI JIAOXUE YINGYONG CELÜE YANJIU
张　茜　著
经济科学出版社出版、发行　新华书店经销
社址：北京市海淀区阜成路甲 28 号　邮编：100142
总编部电话：010-88191217　发行部电话：010-88191522
网址：www.esp.com.cn
电子邮箱：esp@esp.com.cn
天猫网店：经济科学出版社旗舰店
网址：http://jjkxcbs.tmall.com
北京季蜂印刷有限公司印装
710×1000　16 开　14 印张　200000 字
2025 年 8 月第 1 版　2025 年 8 月第 1 次印刷
ISBN 978-7-5218-7021-3　定价：56.00 元
(图书出现印装问题，本社负责调换。电话：010-88191545)
(版权所有　侵权必究　打击盗版　举报热线：010-88191661
QQ：2242791300　营销中心电话：010-88191537
电子邮箱：dbts@esp.com.cn)

# 目录

## 第一章　引言 ... 1
第一节　研究背景与意义 ... 1
第二节　研究对象 ... 4
第三节　研究目的 ... 9
第四节　研究问题 ... 10
第五节　研究的理论框架与方法 ... 11
第六节　本书的创新点 ... 25

## 第二章　文献综述 ... 27
第一节　文体学研究史梳理 ... 27
第二节　功能文体学的理论基础——系统功能语言学（SFL） ... 34
第三节　多模态理论在语言研究中的应用 ... 38
第四节　商务英语语篇研究现状 ... 42

## 第三章　商务英语销售信函的功能文体分析 ... 57
第一节　语篇分析方法 ... 57
第二节　语篇层次分析 ... 61
第三节　语法层次分析 ... 74
第四节　词汇层次分析 ... 106
第五节　文字层次分析 ... 112
第六节　功能文体视角解读 ... 118

## 第四章 产品推介演讲的功能文体与多模态分析 …… 123
### 第一节 理论框架及研究内容说明 …… 123
### 第二节 文化层面分析 …… 125
### 第三节 语境层面分析 …… 126
### 第四节 意义层面分析 …… 133
### 第五节 形式层面分析 …… 134
### 第六节 表达层面分析 …… 165
### 第七节 多模态互动分析 …… 167
### 第八节 信息传递与说服力分析 …… 180

## 第五章 教学启示及应用策略研究 …… 183
### 第一节 主要研究发现 …… 183
### 第二节 对商务英语教学的启示 …… 187
### 第三节 商务英语教学策略研究 …… 194
### 第四节 对相关领域研究的贡献 …… 204

## 第六章 结论与建议 …… 206
### 第一节 研究结论 …… 206
### 第二节 研究内容的局限性 …… 209
### 第三节 未来研究建议 …… 210

## 参考文献 …… 213

# 第一章 引 言

## 第一节 研究背景与意义

### 一、商务英语在全球化背景下的作用

在当今全球化的汹涌浪潮中,全球经济一体化的步伐如同滚滚洪流,不断加速,将世界各国紧密相连,全球市场的轮廓因此变得更加鲜明而具体。随着科技的飞速发展和贸易壁垒的逐渐降低,商品、服务与信息以前所未有的速度和规模跨越国界,自由流动与交换,编织成一张错综复杂却又紧密相连的经济网络。这张网络跨越了地理的界限,使得经济活动在全球范围内实现了无缝衔接,任何一个角落的创新与需求都能迅速传递到世界的另一端。

在这样的背景下,众多中国企业凭借其敏锐的市场嗅觉,深刻洞察到海外市场所蕴含的无限商机和广阔前景。它们不再满足于本土市场的竞争,而是积极调整战略,扬帆出海,将业务拓展至全球各地,力求在更加广阔的国际舞台上展现自己的实力,实现利润的最大化。这一过程中,中国企业不仅给世界带来了高质量的产品和先进的服务,更促进了全球经济的互动与融合。

然而，国际市场并非风平浪静，中国企业要想在其中乘风破浪，必须克服重重挑战。除了确保产品质量，以赢得消费者的信赖和认可外，中国企业还需具备对海外市场的精准洞察能力和高效沟通能力。在全球化的贸易环境中，语言成为连接不同文化和商业体系的桥梁，其重要性不言而喻。缺乏有效的语言交流，就如同船只失去了导航，难以在波涛汹涌的市场中航行，更难以建立稳固的合作关系和信任基础。因此，中外企业间的信任构建与理解深化，成为商业合作顺利进行的必要条件。

英语，作为全球最广泛使用的语言之一，不仅是连接世界各国的语言纽带，更是众多国家官方及非官方交流的通用语言。根据英国文化教育协会发布的《英语的未来：全球视野》(*The Future of English*：*Global Perspectives*)[①] 报告，全球有 67 个国家以英语为官方语言，超过 85 个国家和地区的 30 亿人口在日常生活中接触英语，这一数字占据了全球人口的 41%。

在商业领域，英语的应用更是至关重要。在全球化经济浪潮的推动下，商务英语不仅成为跨国企业日常运营的基石，还扮演着推动国际贸易与文化交流的重要角色。随着国际贸易环境的日益复杂和多元化，企业对于商务英语人才的需求也呈现出多样化、专业化的趋势。商务英语的熟练运用，不仅限于基础的听说读写能力，更涵盖了跨文化交流、商务谈判、合同撰写等多个方面，要求从业者具备高度的专业素养和敏锐的洞察力。

商务英语的独特性在于其高度的专业性和实用性，它根据不同的商务场景和沟通目的，发展出了多种表达方式和文体特征。特别是在产品推介和市场拓展过程中，商务英语的功能性显得尤为突出。通过精准的语言表达和专业的沟通技巧，企业能够向国际市场展示产品的独特卖点和创新优势，吸引潜在客户的关注并促成合作。

因此，对商务英语功能文体的深入研究，不仅有助于提升企业在国际市场上的竞争力，还能够为商务英语教育和实践提供有力的理论支撑和实

---

① 英国文化教育协会. 英语的未来：全球视野 [EB/OL]. British Council, https://www.britishcouncil.cn/about/future-of-English, 2023 - 04 - 21.

践指导。本书将重点探讨商务英语语篇中的两种主要类型：产品销售信函和产品推介演讲，通过系统功能语言学和多模态理论的结合，分析这些语篇在不同层次上的功能文体特征及其实现商务沟通目标的策略，帮助广大英语学习者和国际商务从业者深入理解这些文体的语言特征，从而掌握其内在的表达方式和技巧，为商务英语的教学和实际应用提供有益的参考和借鉴。

## 二、不同语篇类型在商务沟通中的重要性

本书旨在从系统功能语言学的理论框架内，深入探究两类商务英语语篇——销售信函与产品推介演讲。研究将采取功能文体分析的方法论路径，并结合具体实例进行分析，希望能帮助读者显著提升其于商务语境下的语言运用能力，更加高效地进行沟通与交流。

产品销售信函，作为书面交流的一种重要形式，不仅是传递商业信息、建立业务关系的工具，更是展现公司形象、彰显专业水准的窗口。在复杂的商业交易流程中，销售信函扮演着举足轻重的角色。它们不仅是企业向潜在客户介绍产品、阐述价值、激发购买欲望的载体，更是双方协商谈判、达成合作意向的桥梁。随着交易进程的推进，不同类型的商业信函如雨后春笋般涌现，每一种都承载着特定的功能和目的，形成了各自独特的文体风格。

产品推介演讲，则是企业向市场展示其最新产品或服务的重要环节。一场成功的推介演讲不仅能够吸引媒体和公众的关注，还能激发潜在客户的购买欲望，从而推动产品的市场推广。本书将详细分析产品推介演讲的结构和技巧，探讨如何通过有效的语言表达和视觉辅助手段，使演讲内容更具说服力和感染力。

通过对产品销售信函和产品推介演讲的深入研究，本书旨在为读者提供一个全面的商务英语应用框架。读者不仅能够掌握各种文体的语言特征和表达方式，还能学会如何根据不同的商务场景灵活运用这些技巧，以实

现有效的沟通和交流。最终，本书将帮助读者在国际商务领域中提升自己的语言运用能力，增强竞争力，实现职业发展。同时，这一研究也能为商务英语的教学和写作提供有益的指导和参考，助力培养更多具备国际视野和跨文化沟通能力的商务人才。

## 第二节　研究对象

### 一、销售信函

众所周知，在商业活动的广阔舞台上，成功交易的序幕往往由让客户深入了解并认可自己的产品或服务而缓缓拉开。这一关键步骤的巧妙执行者，非销售信函莫属。销售信函，作为一种高度专业化的商业沟通工具，其精髓在于精准地构建语言桥梁，跨越认知的鸿沟，将产品或服务的独特价值与潜在客户的实际需求紧密相连。它不仅承载着推销的使命，更是一次精心策划的心理攻势，力求在字里行间激发读者的购买欲望。

现如今，在全球经济一体化的时代，销售信函特指在国际商贸活动或跨国交易场景下，卖方为促进其产品或服务的销售，采用书面形式向潜在的或现有的国际客户发送的正式沟通文件。这类信函不仅是商业信息的载体，更是跨文化交流的重要工具，要求作者具备高超的语言驾驭能力和对目标市场深刻的理解，以确保信息的有效传达与接收，从而在竞争激烈的全球市场中占据有利地位。

相较于广泛"撒网"、追求曝光率的广告而言，销售信函展现出其独特的优势：它更专注于深度而非广度，通过一对一的沟通方式，针对特定目标市场或客户群体量身打造信息内容。这样的策略不仅有效控制了成本，更确保了信息的精准传达，使每一份投入都能获得最大化的回报。在销售信函中，作者得以不受篇幅限制地深入阐述产品特性、优势、用户评价乃至售后服务等全方位信息，为潜在客户描绘出一幅详尽而生动的产品图景，从而大大提升购买的吸引力和说服力。

随着时代的进步，销售信函的传播方式也迎来了革新。昔日，它依托于传统的邮政系统，缓缓穿梭于城市与乡村之间，将商业信息送达千家万户。而今，在互联网浪潮的推动下，电子邮件成为销售信函的新载体，使得信息传递更加迅速、便捷且成本低廉。这一变革不仅拓宽了销售信函的覆盖范围，更赋予其即时性和互动性，让商家能够更快地响应市场变化，调整销售策略。

销售信函根据其发起方式的不同，可细分为应邀信函与未应邀信函两大类别。前者基于客户的明确请求或询问而发出，具有更高的针对性和响应率；后者则更多地依赖于商家对市场趋势的敏锐洞察和主动出击，尽管面临更高的接受度挑战，但一旦成功，往往能带来意想不到的收获。无论是哪种类型，其核心目的均在于激发读者的兴趣与需求，引导他们采取行动——无论是直接下单购买，还是进一步咨询了解。

销售信函在商业沟通中扮演着至关重要的角色，它是连接商家与潜在客户之间的一座桥梁，承载着信息传递、价值展示、需求激发以及促成交易等多重功能。第一，销售信函是信息传递的载体，是商家向潜在客户传递产品或服务信息的有效工具。通过详细阐述产品的特性、优势、用途、价格以及售后服务等内容，销售信函帮助潜在客户全面了解产品，为后续的购买决策提供充分的信息支持。第二，销售信函是价值展示的窗口，在销售信函中，商家不仅需要介绍产品本身，更重要的是要展示出产品的价值所在。通过强调产品如何满足客户的特定需求、解决客户面临的问题或提升客户的生活质量，销售信函旨在激发客户的购买欲望，让客户看到产品的价值。第三，销售信函是需求激发的催化剂，通过精心设计的语言和逻辑，引导潜在客户认识到自身未被满足的需求或潜在的需求。通过强调产品的独特卖点、成功案例或限时优惠等信息，销售信函能够激发客户的购买兴趣和紧迫感，促使他们采取行动。第四，销售信函是建立商家与客户之间信任关系的纽带，在商业沟通中，信任是促成交易的关键因素之一。销售信函通过展现商家的专业性、诚信度和对客户的关怀程度,有助于建立或增强潜在客户对商家的信任感。同时,通过持续的沟通与交流,销售信函还有助于建立并维护商家与客户之间的良好关系。第五,销售信函是促成交易的推动器,通过有效的信息传递、价值展示、需求激发以及信任建立,销售信函能够引导潜在客户从了解产品到产生购买意愿,再到最终完成购买行为的整个过程。在这个过程中,销售信函发挥着至关重要的推动作用。

总体而言,销售信函在商业沟通中扮演着信息传递者、价值展示者、需求激发者、信任建立者以及交易推动者等多重角色。它是商家与潜在客户之间进行有效沟通的重要工具,对于促进商业交易的成功具有重要意义。

在撰写销售信函时,作者需具备高超的沟通技巧和敏锐的市场洞察力。他们需精心构思开篇,以引人入胜的语句迅速抓住读者的注意力;随后,通过逻辑清晰、语言生动的叙述,展现产品的独特魅力和价值所在;最后,以强有力的呼吁作为结尾,鼓励读者立即采取行动。同时,应该保持内容的简洁明了,以确保在快节奏的商业环境中,信息能够迅速被目标读者所吸收和消化。

综上所述,销售信函作为商业促销的重要手段之一,其重要之处在于精准定位、深度沟通以及高效传播。它不仅是商家与潜在客户之间建立联系的桥梁,更是推动商业交易顺利进行的强大助力。

## 二、产品推介英语演讲

产品推介英语演讲,是指企业为了向全球目标市场介绍其最新产品或服务而进行的英语演讲活动。这种演讲通常包含产品的特点、优势、设计理念、使用场景、市场定位等内容,旨在通过生动且有说服力的语言,激发听众的兴趣和购买欲望。产品推介英语演讲不仅要求语言准确、流畅,还需要注重演讲技巧、情感表达和视觉辅助等手段的综合运用。在全球化经济背景下，产品推介成为企业抢占市场先机、塑造品牌形象的关键环节。产品推介英语演讲，作为跨国界交流的重要工具，不仅承载着产品信息的传递，还融合了文化、语言与商业策略的多重元素。

产品推介英语演讲的起源可以追溯到商业活动的早期阶段。随着商品经济的发展和市场竞争的加剧，企业开始意识到向消费者展示新产品的重要性。早期的产品推介可能以口头宣传、文字广告或简单的产品展示为主。然而，随着全球化进程的加速和英语作为国际通用语言的普及，产品推介逐渐演变为一种跨国界的英语演讲活动。企业开始聘请专业的演讲者或使用英语作为官方语言进行新品发布，以吸引更广泛的国际受众。

产品推介英语演讲在现代商业活动中扮演着至关重要的角色，其作用主要体现在以下几个方面。

第一，高效的信息传递与沟通。产品推介英语演讲是企业向全球目标市场传递产品信息、技术特点、市场定位及品牌理念的重要渠道。通过演讲，企业能够以最直接、最有效的方式将新产品的核心价值和优势传达给目标受众，帮助消费者快速了解产品，并建立起初步的品牌认知和信任。演讲者运用准确、流畅的语言，结合生动的案例和数据分析，将产品的独特之处和竞争优势全方位地展示出来。产品推介演讲中应包含如产品的设计理念、技术突破、用户体验等方面的详细介绍，以满足不同受众的信息需求。

第二，塑造与强化品牌形象。产品推介英语演讲不仅是产品信息的传递过程，更是企业品牌形象塑造和强化的关键环节。演讲的内容、风格、演讲者的形象以及整体呈现效果都会对企业品牌形象产生深远影响。通过演讲，企业可以展示自己的专业实力、创新能力和社会责任感，提升品牌形象的高度和深度。演讲中展现出的企业文化、价值观和企业愿景等软实力因素，能够增强消费者对品牌的认同感和忠诚度。

第三，激发市场兴趣与购买欲望。产品推介英语演讲通过生动、有感染力的语言和表达方式，能够激发目标受众对新产品的兴趣和购买欲望，促进销售转化。演讲者可能采用故事化、情感化的叙述方式，将产品与消费者的生活场景和情感需求相结合，引发共鸣和关注。通过现场演示、互动问答等方式，让消费者亲身体验产品的独特之处和优势，进一步激发其购买欲望。

第四，收集市场反馈与指导后续改进。产品推介英语演讲不仅是产品信息的单向传递，也是企业与市场双向沟通的重要机会。通过演讲后的互动环节和市场反馈收集，企业可以了解消费者的真实需求和意见，为产品的后续改进和市场策略调整提供重要依据。企业可以设置现场问答、问卷调查等互动环节，直接收集消费者的意见和建议。通过分析市场反馈数据，企业可以了解产品的市场接受度、竞争优势和不足之处，为后续的产品研发和市场推广提供有力支持。

第五，促进国际交流与合作。在全球化背景下，产品推介英语演讲还具有促进国际交流与合作的重要作用。通过演讲，企业可以吸引来自不同国家和地区的合作伙伴和投资者关注，拓展国际市场资源和渠道。产品推介英语演讲中应包含对国际市场的分析和预测，以及企业在全球化战略中的布局和规划等内容，吸引潜在合作伙伴的关注和合作意愿。

产品推介英语演讲在现代商业活动中具有多方面的作用和价值，是企业实现市场突破和品牌提升的重要手段之一。因此，在全球化背景下开展产品推介英语演讲功能文体分析研究极为重要。

首先，其有助于提升跨文化沟通能力。在全球化市场中，企业需要具备跨文化沟通能力以应对不同国家和地区的文化差异。开展产品推介英语演讲功能文体分析研究有助于企业了解不同文化背景下的语言习惯、审美偏好和接受心理，从而制定更加精准的市场推广策略。

其次，其有助于优化演讲内容与形式。通过对产品推介英语演讲的功能文体进行分析研究，可以揭示演讲中成功与失败的关键因素。这有助于企业优化演讲内容与形式，提高演讲的吸引力和说服力，从而更有效地传达产品信息并激发消费者的购买欲望。

再次，其有助于促进学术研究与发展。产品推介英语演讲作为商业交流的一种重要形式，具有丰富的语言学、心理学、传播学等多学科研究价值。开展该功能文体分析研究有助于推动相关学科的理论创新和实践发展，为学术界和商业界提供更多有价值的参考和借鉴。

最后，其有助于增强企业国际竞争力。在全球化竞争中，企业需要不断提升自身的国际竞争力以应对日益激烈的市场竞争。通过演讲后的交流环节和商务洽谈活动，企业可以与目标市场的合作伙伴建立联系并开展深入合作。

开展产品推介英语演讲功能文体分析研究有助于企业更好地了解国际市场动态和消费者需求，从而制定更加符合市场趋势的战略规划，提升企业的国际竞争力和市场地位。

## 第三节　研究目的

本书旨在深入探讨商务英语中两种主要形式的功能文体特征及其语言策略，为商务英语学习和实践提供理论指导和实践参考。具体研究目的包括以下四个方面。

（1）揭示商务英语功能文体的特征：通过系统功能语言学和多模态理论的分析，深入剖析产品销售信函和商务英语演讲等典型功能文体的独特魅力，揭示它们在语篇、词汇、语法和书写词汇、语法、语篇和语用等方面的精妙之处，以及这些特征如何协同作用，共同实现商务沟通的高效与成功。

（2）提升商务英语沟通能力：帮助读者理解商务文体的语言风格、用词特点及结构布局，并灵活运用这些知识和技能，在瞬息万变的商务环境中游刃有余地进行高效沟通与精准交流。

（3）指导商务英语教学实践：为商务英语教学和写作提供理论指导和实践参考，助力培养更多具备国际视野和跨文化沟通能力的商务人才。

（4）促进跨文化交流和理解：通过分析商务英语功能文体，揭示不同文化背景下的语言习惯和商务沟通策略，促进跨文化交流和理解。

# 第四节 研究问题

本书旨在深入探讨商务英语中两种主要形式的功能文体特征及其语言策略，为商务英语学习和实践提供理论指导和实践参考。研究将围绕以下三个主要问题展开。

## 一、产品销售信函的功能文体特征及其语言策略

（1）语篇层：研究产品销售信函的语义结构和衔接手段，探讨指代、省略、连接词等衔接机制在构建信函整体意义中的作用，揭示其内在逻辑和信息流动模式。

（2）语法层：探讨产品销售信函中常见的语法结构，如及物系统、语气系统和主位构成成分等，研究这些语法元素如何实现信息的有效传递、如何服务于信函的说服功能。

（3）词汇层：分析产品销售信函中的高频词汇，以及这些词汇如何体现产品的价值和激发客户兴趣。

（4）文字层：研究产品销售信函的书写特征，如格式、排版、字体、标点符号等，以及这些特征如何体现信函的正式性、专业性和易读性。

## 二、产品推介演讲的功能文体特征及其语言策略

（1）语言策略分析：研究产品推介演讲中语言的使用特征，如词汇的选择、句式的运用、修辞手法的运用等，以及这些特征如何体现演讲的专业性、说服力和感染力。

（2）非语言手段分析：探讨产品推介演讲中非语言手段的使用特征，如肢体语言、语音语调、面部表情等，以及这些手段如何与语言元素相互

作用，共同实现演讲的表达力和影响力。

（3）多模态互动分析：研究产品推介演讲中语言、视觉和听觉元素如何相互作用，共同实现演讲的信息传递、情感共鸣和说服力。

（4）信息传递与说服力分析：分析产品推介演讲如何通过语言策略和非语言手段提升演讲的影响力，例如，通过使用清晰的结构、生动的案例、互动的环节、有力的呼吁行动等手段，增强演讲的说服力和感染力。

## 三、商务英语功能文体分析的教学应用策略

探讨如何将商务英语功能文体分析的理论和方法应用于商务英语教学，提高学生的跨文化沟通能力和商务英语运用能力。

## 第五节　研究的理论框架与方法

### 一、理论框架

#### （一）系统功能语言学

本书将基于韩礼德（Halliday，2000）的系统功能语言学对商务进行功能文体分析。在整个理论框架中，将重点强调两个概念：前景化和语境。其后对功能文体学分析框架进行了阐释。

1. 前景化

根据韩礼德的观点，前景化是一种有动机的突出，而一个突出的特征只有在与语篇的整体意义相关或在语篇解读中起作用时，才是有动机的。实际上，这个术语来源于绘画艺术，指的是艺术作品中以某种方式突出的部分。在语言学中，这个术语最早由穆卡罗夫斯基（Mukarovsky）在1932

年引入。穆卡罗夫斯基认为，风格就是前景化，即对标准规范的违反，这能够吸引人们的注意力并增强诗歌的表达力。在他看来，日常语言已经被自动化，使用者无法看到其表达力和美学力量，而诗歌通过使日常语言去自动化实现了前景化。之后，这一术语被许多研究文学语篇的布拉格学者采用，并成为文体学的基础之一。

关于前景化，利奇（Leech, 2001）指出，在诗歌中前景化的图像是语言的偏离，而背景是语言，即在谈论"偏离"时所默认的系统。利奇进一步指出，前景化是从语言或其他社会公认规范中有动机的偏离。在这里，利奇似乎比穆卡罗夫斯基更进一步，他清楚地指出了前景化和偏离之间的区别。前景化并不等同于偏离，只有有动机的偏离才可称为前景化。

利奇和肖特（Leech and Short, 2001）将前景化的形式分为定性前景化和定量前景化。韩礼德接受了这一观点，并将突出特征分为两种类型：一种是不协调，另一种是偏差。不协调指的是消极的、违反语言或社会规范的现象，而偏差指的是积极的、建立或强化规范的现象。韩礼德更强调偏差（定量前景化）而非不协调（定性前景化）。定量前景化可以通过两种方式实现：（1）作者采用一些有规律的、一致的表达方式，如排比、重复和对立。从这个意义上讲，偏差意味着过度的规律性。（2）作者还可以通过频率分布实现定量前景化。在这个意义上，偏差意味着偏离某种预期的频率模式。数据收集和数据分析对于发现这种定量前景化非常有帮助。因此，笔者将收集尽可能多的数据，对英语销售信函进行科学的定量分析。

在文体研究中，韩礼德试图找到一个标准来判断何为文体风格，这个标准可以区分对文学研究没有意义的纯粹的语言规律性和对诗歌或散文作品有意义的规律性。韩礼德指出，他理解的前景化是有动机的突出。此外，他解释说，如果一部作品的某个特征在作品解读中起到了相关的功能，那么这个突出的特征就显得有动机。显然，只有那些与作品意义相关的特征，即前景化，才是重要的，才能被称为文体特征，而其他特征会被认为是不重要的而忽略。因此，判断文体特征的标准就确定下来了。

韩礼德认为，如果我们想要消除琐碎的东西，并区分真正的前景化与纯粹的突出，我们必须将语言模式（语法、词汇，甚至是语音）与语言的潜在功能联系起来。这也正是笔者在后续分析中将要做的工作。

2. 语境

从上述内容中，我们可以发现，只有当语言特征与其在情景语境中的功能相对应时，才能将其视为文体特征。因此，除了前景化特征外，文体分析还应考虑情景语境。

语境一词有多种定义。不同的语言学家在不同时期对其进行了不同的定义。最初，语境指的是某个特定语言单位之前或之后出现的内容，也被称为共现语境（co-text）。随后，马林诺夫斯基（Malinowski，1923）区分了两种类型的语境：一种是魔法语境（即情景语境）；另一种是衍生语境。后来，马林诺夫斯基（1935）提出了另一种概念——文化语境。弗思（Firth，1957）继承了马林诺夫斯基的语境概念，并进一步发展了这一理论。1978年，弗思的学生、系统功能语言学的先驱韩礼德在马林诺夫斯基和弗思的研究基础上对这一概念进行了进一步阐述。

根据系统功能语言学，语境是语篇展开的整体环境。它不仅包括语言环境，还包括非语言因素。一般来说，语境分为两种类型：文化语境和情景语境。文化语境指的是语言系统的整个环境，情景语境指的是语篇的特定环境。文化语境通过众多具体的情景语境来实现。

对于情景语境，韩礼德进行了进一步的发展。韩礼德认为，情景语境可以通过三个变量来描述：语场、语旨和语式。语场指的是正在发生的事情，即所发生的社会行动的性质；语旨指的是参与者，即参与者的性质、地位和角色，包括暂时的交流角色关系和永久的社会角色关系；语式指的是语言在该情境中所扮演的角色，即参与者期望语言在该情境中为他们做什么。

情景语境对语义系统的选择具有重要影响，在解释语篇的文体特征时具有重要意义。首先，情景语境是另一个重要概念——前景化的前提。如上所述，只有动机的突出特征才能称为前景化。事实上，某个突出特征是否具有动机性与情景语境密切相关。如果它有助于在情景语境中实现预期功能，即有助于表达说话者想要表达的意思，那么它就是一个有动机的特征，即前景化。因此，我们有必要事先对相关情景语境有一个大致的了解，以便更好地分析话语的前景化特征。

其次，情景语境在语言的生成和评估适切性方面至关重要。适切性原则是交流的灵魂，没有适切性，语言作为社会交流的工具可能会失去其活力和功能。根据系统功能语言学，所有的语言选择都是有意义的，每一个语言选择都是一种风格的选择。在不同的情景语境中，语言使用者会做出不同的语言选择，即不同的文体风格选择。受到情景语境的激励，说话者从语言系统中选择某些语言项目，从而形成与其情景语境相适应的适切自然的文体风格。换句话说，我们根据情景语境选择适当的语言风格，而情景语境也是我们评估语言适切性的重要标准。

3. 分析框架

本书所采用的分析框架基本上遵循张德禄（2005）在《语言的功能与文体》中提出的分析框架（见图1-1），分为三个层次：语篇层、词汇语法层和语音文字层。具体分析过程中，笔者对商务英语销售信函的分析，将依据其文体特征，划分为四个层次进行详尽探讨：语篇层、语法层、词汇层以及文字层。在此基础上，对于商务英语演讲的分析，我们将视野拓宽至多模态理论分析框架，并参考动态多模态理论框架，以期捕捉演讲过程中的动态变化与多模态交互。本节旨在阐述基础性的分析架构，至于多模态框架的详尽阐述与应用，将留待后续章节逐一展开。

（1）语篇层。

①语篇的语义结构。

要在语篇层次上进行分析，我们首先需要定义什么是语篇。与超句子语篇的概念相对，韩礼德提出，语篇应被视为语义结构的基本单位。语篇是实际化的意义潜势；它是无数同时发生和连续发生的意义选择的产物，并以词汇—语法结构的形式实现。在韩礼德与哈桑（Halliday and Hasan, 1985）合著的《语言、语境和语篇：社会符号学视角下的语言面面观》

一书中,他们对"语篇"这一概念给出了更清晰的定义,认为可以最简单地将语篇定义为功能性的语言,即指在某个语境中起作用的语言,而不是孤立于黑板上的词或句子。根据张德禄(2005),语篇是根据特定的语义结构而不是语法结构组织起来的。使一组句子成为语篇的方法有两种:(a)语篇的语义结构;(b)语篇中的衔接性,也称为"texture"(谋篇机制)。

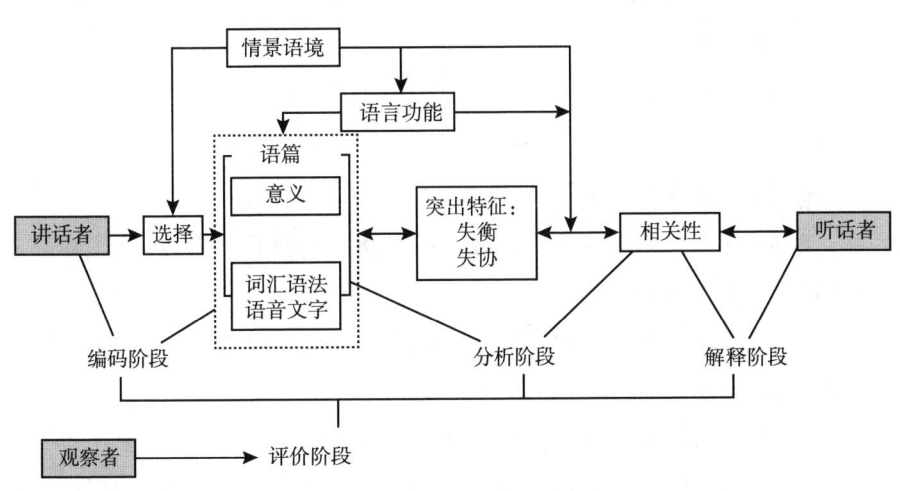

**图 1-1 功能文体学分析框架**

资料来源:张德禄,2005。

语篇在特定情景语境中的功能往往依托于某种精心构建的语义结构得以实现。这一目标的实现过程需历经一系列有序的阶段,每个阶段不仅是整体结构不可或缺的组成部分,而且各自承载着明确的功能性标签,共同促进语篇目的的有效达成。例如:

鸡肉和蔬菜烤意大利烩饭

份量:四人份。

烹饪时间:约1小时。

- 原料
    ■ *2 汤匙橄榄油*

■ 2小块鸡胸肉，切块

■ 1个洋葱，切碎

■ 1个西葫芦，切碎

■ 1个中等的红薯，去皮，切块

■ $1^{1/2}$杯大米

■ 400克罐装切块番茄

■ 1汤匙蔬菜汤粉

■ 开水

■ 干酪

● 方法

■ 预热烤箱至适中，180°C。轻轻涂油于3升防烤盘。

■ 在大煎锅中用高火加热一半的油。分两批煮鸡肉2~3分钟，直至变褐。转移到碗中。

■ 在同一煎锅中炒洋葱、西葫芦和红薯3~4分钟，直到洋葱变嫩。加入鸡肉碗中。

■ 在同一煎锅中用中火加热剩余的油。加入米饭，搅拌均匀，使其均匀裹上油。与鸡肉、蔬菜、番茄和汤粉混合均匀后，转移到预热的烤盘中。

■ 加入开水，直到刚好覆盖米饭。烘烤45~50分钟，每10分钟搅拌一次，必要时加入额外的开水。

■ 从烤箱中取出。调味后食用。搭配干酪一起享用。

上述语篇的目的是告诉你如何制作这道菜。按线性表达，其语义结构为：标题+份量+烹饪时间+原料+方法。

语义结构中的某些步骤是必要的，而其他步骤则是可选的。

至于英文销售信函，许多研究已总结出其语义结构。普遍认为，销售信函通常有四部分：注意力+兴趣/欲望+信念+行动。换句话说，销售信函通常首先引起潜在客户的注意，激发他们的兴趣和欲望，提供信念，最终促使他们采取行动。

在大多数情况下，销售信函由四个部分组成，每部分都有特定的功能需要实现。因此，为了实现这一功能，将采用某些语言工具。鉴于此，笔者决定在语法层次上进一步分析，根据其语义结构将语篇分为不同的部分，然后比较各部分的风格特征。这一层次上的分析在功能上是合乎逻辑的，因为各部分之间是时间和逻辑顺序的自然延续。

②语篇中的衔接。

衔接这一概念，最初由韩礼德和哈桑（2001）在其里程碑式的著作《英语中的衔接》中进行了深入探讨，该术语揭示了语篇内部子句与句子之间错综复杂的意义联结关系。具体而言，我们在分析成对的衔接关系项之间的相互作用时，将单一的衔接实例称为"关联"，这是理解语篇连贯性与意义流动的关键一环。

例如：I am sure you will agree you now have the answer to your problem, but if at the end of ten days you are not completely satisfied, just return the clothes for a full refund of the price — and you can still keep the can of "Glazo".

（我相信你现在已经有了问题的答案，但如果在十天结束时你仍然不完全满意，只需退回这些衣物，即可获得全额退款——你仍然可以保留那罐"Glazo"。）

这里的"you""you""your""you""you"形成了一个衔接关联。

韩礼德与哈桑列出了五种衔接方式：指称、替代、省略、连接和词汇衔接。笔者将在语篇层次上分析衔接，试图显示哪些类型的语言项目经常被用作衔接关联，以及在英文销售信函中哪种类型的衔接会被更频繁地采用。

（2）语法层。

小句（clause）是实现语言三大元功能的基本单位。在一个小句中，概念功能主要通过及物性结构来实现，人际功能通过语气结构来实现，而语篇功能则通过主位结构来实现。三种元功能为语言使用者提供了三条意义潜势的选择途径。根据具体的情景语境，讲话者同时从三个资源系统网络中进行选择，这将在语法层次上反映为及物性结构、语气结构和主位—述位结构。所有从意义潜势中做出的选择对文体分析都有一定的意义。

①及物性。

构建语境语义领域的概念意义通过及物性系统在词汇—语法上实现,系统功能语言学中的"及物性"与传统理解中的不同。

在传统语法中,及物性是动词的一个特征,用来区分动词是否可以带有宾语。例如,"He hit me"中的"hit"是及物动词,而"The bird is flying"中的"fly"是不及物动词。

但是在功能语法中,及物性指的是在六种过程之间的选择。它涉及对特定经验领域的构建,这些领域由几种"进行中"的活动组成——发生、做、感觉、意义、存在和变化。

及物性系统将经验世界构建为一组可管理的过程类型:物质过程(做的过程)、心理过程(感知的过程)、关系过程(存在的过程)、行为过程、言语过程和存在过程。

过程框架非常简单,甚至对学习母语的幼儿来说也是可以理解的。一个过程原则上由三个组成部分构成:

(a) 过程本身;

(b) 过程中的参与者;

(c) 与过程相关的情境。

这些构成了我们解释所经历的事件的参照框架。

②语气。

语气系统被描述为用于实现说话者与听话者之间互动的语法资源,它在对话中用于表达言语功能选择。具体而言,它处理交换的内容,即信息或货物与服务,以及交换的方向。这两个变量与两种基本的言语角色——给予和需求,共同定义了四种主要的言语功能:提供、命令、陈述和提问。

语气结构通常由两个要素组成:语气要素和剩余部分。语气要素在执行子句的人际功能中起关键作用,通常由主语和限定动词组成。主语的功能是提供一个命题可以被肯定或否定的参照点,而限定动词则表达时态和情态,并具有限定命题的功能。剩余部分在语气系统中较为次要,通常包含谓语、补语和状语这三种功能成分。

小句中语气结构背后有一个基本原则：通常用于交换信息的语法范畴是陈述式。在陈述式中，陈述句的典型表达是陈述的，而疑问句则以疑问的形式表达。疑问句进一步区分为非疑问句和WH－疑问句。这些语气类型可以通过语气要素的存在来表达：语气要素的存在，由主语加有限动词构成，实现了"陈述式"的特征。在陈述式中，主语和限定动词的顺序具有重要意义：主语在限定动词之前的顺序实现了"陈述式"，限定动词在主语之前的顺序实现了"是非疑问句"。在"WH－疑问句"中，顺序则取决于WH－成分是否为主语：如果WH－成分是主语，则主语在限定动词之前；否则限定动词在主语之前。

③主位—述位结构。

主位系统用于实现语言的语篇元功能。其核心概念是主位，被定义为信息的出发点，位于小句的初始位置，并以信息的形式组织人际意义和概念意义。小句的其余部分被简单地标记为述位，旨在发展主位。

根据结构的复杂性不同，主位被分为单项主位、复项主位和以小句为主位。单项主位是指没有内部结构且无法进一步分析的主位；复项主位则包含内部结构，除了概念功能成分外，还包含谋篇成分或/和人际成分。谋篇成分、人际成分和概念功能成分分别构成谋篇主位、人际主位和话题主位。在英语中，当这三类主位同时出现在一个句子中时，它们的顺序通常是：谋篇主位、人际主位、话题主位。

主位也可以是标记主位或非标记主位。非标记主位的识别在英语中遵循一定的规则：在陈述句中，非标记主位是主语；在是非疑问句中，非标记主位是有限动词加主语；在内容疑问句中，非标记主位是WH－词或词组；而在祈使句中，非标记主位通常是"你"或"让我们"，尽管"你"通常被省略，动词被置于主位位置。

（3）词汇层。

在描绘我们对世界的认知与体验时，词汇及其系统扮演着举足轻重的角色。对于同一事物的指称，存在多样化的表达方式，这些方式并非随意或偶然的替代，而是各有其存在的理由。语篇中每一种特定的语言形式，都是精心挑选以传达特定意义的。

英语词汇可根据不同的分类标准划分为多个群组。一个普遍接受的标准是基于词汇的功能性，将其分为功能词与实词两大类。功能词，如限定词、连词、介词及助动词等，主要承担语法功能，因此也被称为"封闭类词汇"。相对地，实词用于命名具体对象，描述性质、动作、过程或状态，它们拥有独立的词汇意义，并可细分为名词、主要动词、形容词及副词等词类，构成了"开放类词汇"。

刘世生和朱瑞清（2006）指出，在日常语言使用中，各类词汇的出现频率遵循着一定的规律。当某一词类的出现频率偏离常规时，这往往成为创造特定文体效果的手段。高频或极低频率的使用，都可能预示着一种前景化特征的存在，至少是潜在的文体创新。主位系统用于实现语言的语篇元功能，尤为值得注意的是，开放类词汇在塑造语篇文体效果方面发挥着更为显著的作用。例如，在科学语篇中，名词的高频使用便成为营造客观、抽象氛围的关键文体特征。此外，动词、形容词及副词的频率变化也是文体分析中不可忽视的要素。

此外，词汇还蕴含着情感色彩的差异，这一维度将词汇划分为非情感词与情感词两大阵营。非情感词，如专有名词，不附带个人情感色彩，主要承担传达经验意义的功能；而情感词，如"splendidly""silly""fantastic"等，则鲜明地表达了说话者的主观态度，成为传递个人情感意义的重要载体。在特定语境的激发下，情感词汇的频繁使用能够凸显说话者对某事物的强烈态度，进而实现预期的人际意义。

（4）文字层。

作为通过视觉符号编码意义的艺术，文字层面涵盖了书写系统的方方面面，包括标点符号、段落分隔及拼写等。图文偏离现象可能出现在书写层面的任何子领域，通过非传统的标点符号使用、大写、粗体、斜体、特殊布局等手段，实现前景化效果，为语篇增添独特的魅力。

标点符号在书面语言中扮演着不可或缺的角色，它们是意义传达的导航。标点符号不仅具有分隔话语单位的功能，还能帮助澄清语法、语义及语用关系。当某些标点符号以高频或看似不恰当的方式出现时，它们便成为前景化手段，为语篇带来独特的文体效果。

字体类型作为书写符号的呈现方式，同样具有强大的表现力。在常规情况下，专有名词或句子首字母大写，其余符号则以正常方式印刷。然而，作者为了吸引读者注意或强调特定信息，往往会采用粗体、大写、斜体等手法，以此创造独特的文体效果。

布局作为另一个前景化信息的工具，其潜力同样不可小觑。它能够传达文字之外的信息与情感，成为诗人等创作者表达深层意义的重要手段。例如，卡明斯（e. e. cummings）等诗人便擅长利用布局创新，赋予语篇超越文字本身的丰富内涵。在英文销售信函的文体分析中，布局同样是一个值得深入探讨的方面。

### （二）多模态理论

1. 多模态理论与系统功能语言学的关系

多模态理论对系统功能语言学的理论框架和研究方法产生了显著影响，主要体现在以下几个方面：多模态理论借鉴了系统功能语言学的核心理论，将其应用于非语言符号的语义生成研究中。系统功能语言学原本专注于语言作为意义实现的工具，但随着多模态研究的发展，它被扩展到包括图像、音乐、动作等多种符号系统中。这种扩展使得系统功能语言学能够分析和解释多种符号系统选择后所产生的复杂意义。

系统功能语言学的理论框架不需要为适应新的目的而进行改造，可以直接作为多模态话语分析的理论基础。这是因为系统功能语言学将研究重点放在意义的实现上，而不仅仅是语言本身。因此，它能够涵盖所有能够实现意义的符号系统。

多模态理论强调利用电子计算工具和技术来分析和解释复杂的多模态意义。这种方法不仅提高了分析的效率，还为多模态话语分析建立了新的模型。此外，多模态话语分析理论认为语言、画面、音乐、动作等符号资源都属于不同模态，且有各自的意义潜势，所有模态系统相互影响、相互作用，共同构建语篇，表达整体意义。

在多模态隐喻研究中，系统功能语言学提供了理论支持。隐喻不仅存在于语言中，还出现在思维和行动中，这表明隐喻是人类交际的重要组成部分。系统功能语言学的理论框架有助于理解隐喻在多模态语篇中的建构及释解模式。

2. 多模态话语分析理论框架

张德禄（2009）基于系统功能语言学理论提出多模态话语分析理论框架（见图1-2）。该框架涵盖四个层面：文化层面、语境层面、内容层面（包括意义和形式层面）以及表达层面。上述层面各自承载着独特的理论和实践视角，相互交织，共同描绘了多模态文本意义构建的复杂图景。

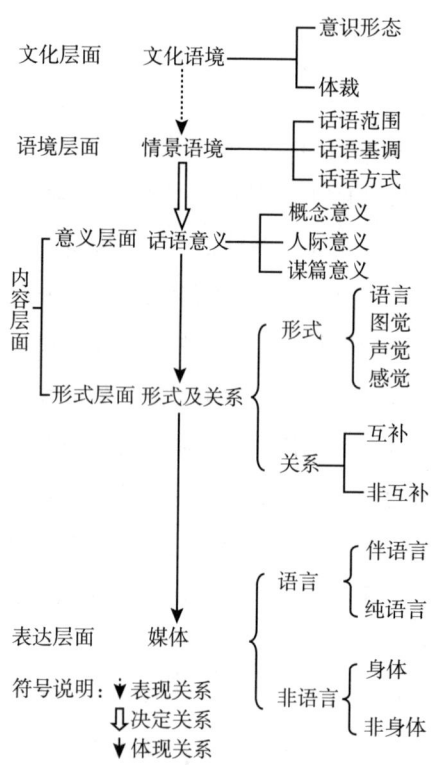

图1-2 多模态话语分析理论框架

资料来源：张德禄，2009。

文化层面：在这一层面，分析聚焦于多模态话语如何在特定文化框架内被赋予意义。文化语境不仅是社会结构和意识形态的体现，也是体裁和习俗的反映。它对话语的理解和解释起到了决定性作用，因为不同的文化背景可能导致对同一符号系统的不同解读。

　　语境层面：这一层面探讨的是多模态话语产生的具体环境，包括情境、参与者、目的和背景等。语境因素在多模态话语中不仅仅是背景信息，它们积极参与意义的构建，影响着话语的社会文化功能。

　　意义层面：在这一层面，研究者关注的是如何通过文字、图像、声音等多种符号资源的相互作用来构建意义。基于系统功能语法的理论，意义层面分析的是符号系统如何实现再现、互动和构图这三大元功能，从而揭示多模态话语的深层含义。

　　形式层面：形式层面的分析着眼于符号系统的具体表现形态，如视觉元素的布局、颜色选择、文字排版等。这些形式特征如何结合并传达特定的意义，是多模态话语分析在这一层面需要解答的问题。

　　表达层面：表达层面考虑的是多模态话语传播的介质和平台，它们不仅提供了话语的物质基础，还塑造了话语的接收和解读方式。这一层面的分析有助于理解不同媒体如何影响多模态话语的意义构建。

　　例如，在分析《舌尖上的中国2》这样的多模态文本时，研究者可能会综合文化层面的传统饮食习惯、语境层面的节目制作背景、意义层面的食物与文化的关联、形式层面的视觉和听觉设计，以及媒体层面的电视传播特性，来全面解读该节目如何通过多模态话语构建其独特的意义和效果。

　　综上所述，多模态话语分析理论框架的各个层面相互依存、相互影响，为深入理解和分析多模态文本提供了一个全面且多维度的分析工具。进一步地，该分析框架还深入探究了不同模态之间的复杂相互作用关系，这包括它们之间的互补性与非互补性联系，以及非语言模态的语法结构如何精妙地体现概念、人际和篇章意义，体现了多模态话语分析的本质不仅仅在于单一模态的信息构建，更在于不同模态之间的紧密互动与高效协作,共同构成了复杂而丰富的意义世界。

另外,本书所研究的商务英语演讲属于动态语篇,比产品销售信函涉及的模态更多更复杂,因此在对商务英语演讲进行文体分析时,还参考了张德禄和袁艳艳(2011)在张德禄(2009)基础上提出的动态多模态话语分析框架(见图1-3)。

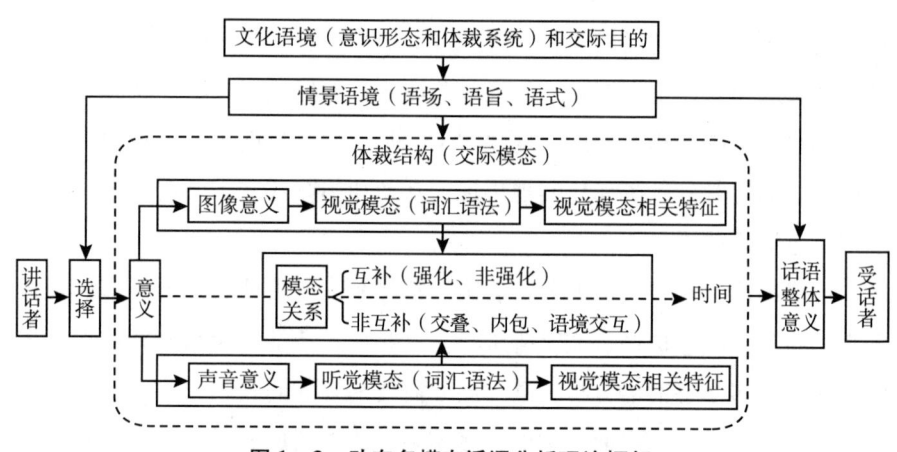

图1-3 动态多模态话语分析理论框架

资料来源:张德禄和袁艳艳,2011。

系统功能语言学认为,在特定的文化背景和意识形态影响下,以及受到文体系统的限制,说话者在特定的情境(包括语场、语旨、语式)中,为了达到交流的目的,会挑选合适的意义并通过相应的模态及其体裁结构来呈现。这些意义可以通过视觉模态,即图像的"词汇语法",或听觉模态,即声音的"词汇语法",来具体表现。

在模态的选择上,关键在于优化不同模态间的相互作用,以确保它们协同工作,共同塑造多模态话语的完整意义。由于不同模态所表达的意义均服务于同一交际活动,它们的融合是交际有效性的关键。这种模态间的协同主要在形式层面,尤其是词汇语法的层面上得到体现。这一理念与本书的研究目的相符,因此笔者在商务英语演讲文体分析部分将基于此框架分析经典案例,探讨不同模态是如何配合,相辅相成,进而实现交际目的的。

## 二、研究方法

本书采用了定性与定量相结合的研究方式，以确保对商务英语功能文体特征进行全面且深入的探讨。定性分析侧重于理解和解释语言现象背后的深层次原因、动机和语境因素，通过详细解读和描述文本，揭示其内在的逻辑结构和文体特征。在商务英语产品销售信函和产品推介演讲的研究中，定性分析帮助我们理解作者如何通过语言策略、词汇选择、语法结构等手法来传达商业信息、塑造品牌形象和说服目标读者。例如，通过详细分析信函中的及物性结构、语气系统、主语类型以及主位结构等，我们可以揭示作者如何构建信任、建立关系并引导读者采取特定行动。

定量分析则侧重于通过统计和分析数据来验证假设、揭示规律和趋势。在本书的研究中，我们利用定量分析方法对商务英语产品销售信函语言特征进行了系统的统计和分析。通过计算衔接链数量、及物过程种类及分布等指标，我们揭示了这些语言特征在商务英语沟通中的普遍性和差异性。这些量化数据不仅支持了我们的定性分析结果，还为商务英语教学和应用提供了更为具体和科学的依据。

定性与定量方法的结合使得本书的研究更加全面、客观和深入。通过综合运用这两种方法，我们不仅能够揭示商务英语产品销售信函和产品推介演讲中的语言现象和文体特征，还能够探索这些特征背后的深层次原因和影响因素。这种综合性的研究方法不仅有助于我们更好地理解商务英语的功能文体特征，还能够为商务英语教学和应用提供更为全面和科学的指导。

## 第六节　本书的创新点

在功能文体分析与多模态互动领域，本书研究内容展现出若干创新点，这些创新不仅丰富了现有研究体系，也为未来的研究提供了新的视角和方法。

  首先，本书将功能文体学理论与多模态理论相结合，对商务英语产品销售信函和产品推介演讲进行了综合性的分析。这种跨学科的融合不仅拓宽了功能文体学的应用范围，也为多模态研究提供了新的语料和案例，从而深化了我们对这两种理论的理解和应用。

  其次，本书在分析方法上进行了创新。我们采用了定性与定量相结合的方法，对大量实际语料进行了细致的量化分析。这种科学严谨的分析方法不仅提高了研究的客观性和准确性，也为后续的研究提供了可借鉴的分析框架和操作流程。

  再次，本书在揭示语言特征的同时，也深入探讨了这些特征背后的深层次原因和影响因素。例如，在商务英语产品销售信函的分析中，我们不仅计算了衔接链数量和及物过程种类及分布等指标，还结合语境和语篇层次的分析，揭示了这些语言特征在商务沟通中的普遍性和差异性。这种综合性的研究视角不仅有助于我们更好地理解商务英语的功能文体特征，也为商务英语教学和应用提供了更为全面和科学的指导。

  最后，本书内容在教学应用方面也具有创新意义。我们提出的商务英语功能文体分析的教学应用策略，旨在将研究成果转化为教学实践中的有效工具。这些策略不仅有助于提高学生的商务英语写作能力，还能够培养他们的跨文化沟通能力和批判性思维能力。因此，本书在推动商务英语教学改革和提高教学质量方面也具有一定的贡献。

# 第二章 文献综述

## 第一节 文体学研究史梳理

文体风格（style）包括词汇、句法、语气和修辞手法等各种要素，这些要素共同作用于文本，使之更具美感。从语言学的角度来看，研究不同的文体风格可以提供关于语言变异、使用和演变的见解。通过分析作家在词汇选择、句子结构和修辞手法方面的选择，研究人员可以更深入地了解语言的功能以及如何将其用于不同的目的。

对于作家来说，发展独特而有效的文体风格对于表达他们的思想和与读者建立联系至关重要。精心打造的文体风格可以增强故事或论点的影响力，创造出令人难忘和沉浸式的阅读体验。它使作家能够塑造自己的声音，建立自己的作者存在感，并给读者留下深刻的印象。

此外，文体风格在塑造作品的文化底蕴和历史背景方面也起着重要作用。不同时期的文学运动，皆以其标志性的风格为特质，折射出当时的价值观、信仰和社会规范。通过研究不同时代的文体风格，研究人员和作家可以深入了解过去的文化和知识趋势。

可见，文体风格之于语言学研究与文学创作的重要性，主要体现在其作为意义传达、情感激发及读者吸引力的媒介上。它不仅提供了对语言运用及其多样性的深刻洞察，还赋予了作家以塑造个性化声音的能力，进而促进与读者在更为深刻与细腻层面上的情感共鸣与思想交流。因此，文体风格不仅是语言形式的一种展现，更是连接创作者与接受者心灵的桥梁。

何谓文体风格？在英语里，"style"一词源自拉丁语的"stilus"。据柯林斯词典，起初它指的是古人用于在蜡板上书写的锋利细长尖头工具。但如今，"style"的含义与其原始词义大相径庭，且其定义长期以来一直颇具争议。1987年，大卫·克里斯特尔（David Crystal）甚至称"style"为"最棘手的概念之一"。凯蒂·威尔士（Katie Wales）在其1989年的《文体学词典》中也坦言"style"难以定义。字典中，"style"一词主要包含以下三方面含义：

（1）写作或说话的表达方式，根据交际事件的实际情境因素，如参与者、时间、地点、话题等，从非常正式到非常非正式；

（2）登记册，指的是特定社会群体使用的特殊语言，群体成员可能有共同的职业，如医生、律师、教师，或有着同样的利益，如集邮者、足球迷等；

（3）是一系列接近于语篇特征的语言特征，如济慈（Keats）的《夜莺颂》或简·奥斯汀（Jane Austen）的《傲慢与偏见》，或指作者的风格，如莎士比亚风格或弥尔顿风格（Wales, 1989）。

上述字典释义只能解释"style"最广泛的意义。事实上，一代又一代的文体研究者以不同的视角解读，不断地丰富着其含义，但尚未有哪一个概念被普遍承认。刘世生（1997）谈到了定义它的困难，并列出了31个定义，例如，戈尔及亚斯认为"风格是修辞"，恩奎斯特认为"风格是不同表达之间的选择"，斯皮策说"风格是偏差的"，而韩礼德则认为"风格是突出的"，等等。

然而，尽管存在差异，这些对"style"的解读还是有一个共同的关注点，即"如何说"，而不是"说什么"。文体风格不仅是语言的外在装饰，它深深根植于语言的结构和功能之中。它不但反映了作者的个人选择和表达方式，还揭示了更广泛的社会和文化背景。研究文体风格不仅有助于理解语言的多样性和多变性，还能为作家提供丰富的资源，帮助他们在写作中更加自如地表达自己的思想和情感。文体风格的研究和应用，无论是从理论层面还是实践层面，都是一项充满挑战且富有意义的工作。

实际上，文体学的起源可以追溯到古希腊罗马时期的修辞学研究。那时，修辞学主要研究的是写作时的技巧，涵盖的内容十分广泛，包括社会背景、听众分析、语言行为、非语言行为和副语言行为等，所有这些因素都被视为语言功能的组成部分和语言运用的手段。

尽管修辞学的研究历史悠久，但现代文体学直到 20 世纪初才开始发展。据申丹（2000）所述，现代文体学的发展有以下四个阶段。

## 一、20 世纪上半叶：现代文体学的发展

20 世纪初，随着欧洲历史语言学与普通语言学的崛起，这两门学科逐渐成为具有深远影响力的独立领域，而与语言学紧密相连的文体学也在此背景下逐渐发展成为一个相对独立的跨学科。在这一时期，现代文体学的两位杰出代表卡尔·巴利（C. Bally）与莱奥·斯皮策（L. Spitzer）崭露头角。巴利以其开创性的贡献被誉为现代文体学的奠基人，而斯皮策则因其对文学文体学的卓越贡献而享有"文学文体学之父"的美誉。1958 年，印第安纳大学成功举办了文体学研讨会，这一盛事标志着现代文体学正式确立了其作为独立跨学科的地位。

## 二、20 世纪 60 年代至 70 年代：现代文体学的繁荣

20 世纪 60 年代至 70 年代，功能语言学与结构主义的迅猛发展极大地推动了文体学的繁荣。现代文体学的昌盛，显著体现在其风格流派的丰富多样性上。基于文体学家所采纳的语言分析框架，文体学可细化为形式文体学、功能文体学及话语文体学等分支。同时，依据文体学家的研究焦点，文体学亦能划分为语言文体学、文学文体学以及社会历史/文化文体学等多个领域。

20世纪70年代，功能文体学蓬勃兴起，该学派将系统功能语法巧妙地融入文体分析之中，开创了文体研究的新纪元。韩礼德（1971）曾断言，系统功能理论在文体分析领域具有极高的应用价值，他通过运用概念功能的传递性系统，对威廉·戈尔丁的《继承者》进行了深入的语言剖析，这一分析范式被视为功能文体分析的典范之作。韩礼德的分析巧妙地跨越了传统形式与内容之间的鸿沟，因为概念功能这一维度，长久以来在文体学研究中被边缘化，却在此得到了应有的重视。此分析不仅验证了韩礼德"语言中无孤立风格存在"的论断（韩礼德，1971），更激发了后续学者从概念功能、人际功能及语篇功能等多重视角进行文体分析的浓厚兴趣。

随着对情景语境重要性的日益强调，众多功能文体学家纷纷将研究目光聚焦于话语与意识形态/权力之间的复杂关联与相互作用上，这一转变对社会历史/文化文体学的深入发展产生了深远的积极影响。

## 三、20世纪80年代：话语文体学的兴起

20世纪80年代，话语文体学作为一种新兴的学术领域迅速崛起，它融合了话语分析、语用学以及语篇语言学等多个理论框架，对文体学进行了全方位的深入剖析。这一学派的兴起，与功能文体学领域的学者有着异曲同工之妙，话语文体学研究者同样高度重视语言模式的精确性与系统化。他们不仅关注于语言模式的构建，更聚焦于这些模式在实际应用中可行性的展现与验证。因此，话语文体学的研究成果无疑为语言文体学的广阔范畴增添了一笔丰富的色彩。

会话互动分析是话语文体学的一个重要领域。它深入探讨了对话中的发言权交替规则，如话轮的长度、打断策略以及沉默的语用功能等。伯明翰学派提出的"IRF结构"（即"引发—回应—反馈"）便是一个典型的分析工具，常被用于解析戏剧对话中的节奏控制。此外，会话互动分析还致力于通过话轮分配的频率、话题的主导权等方面来揭示对话者之间的权

力动态。例如，在《达洛卫夫人》这部作品中，不同社会阶层人物的对话模式便体现了明显的权力关系显化（孙艳，2013）。

语用策略研究同样是话语文体学的核心组成部分。这一领域主要关注角色如何通过语言来维护或威胁对方的面子，礼貌与面子理论便是在此基础上发展而来的。以《请买票》为例，劳伦斯对工人对话的刻画便深刻反映了阶级冲突中的语言策略。此外，合作原则与违反也是语用策略研究的重要方面。当对话者违反格赖斯的四准则（质、量、关系、方式）时，往往会产生特殊的文体效果（姚金璐和王斌，2016）。这种违反在小说中人物的谎言或隐喻中尤为常见，它们往往蕴含着深层的意义。

语篇结构特征分析也是话语文体学不可或缺的一部分。这一领域主要运用衔接理论来探讨叙事的连贯性，指称、替代、连接词等衔接手段在分析传统叙事中发挥着重要作用。然而，在意识流小说等现代文学作品中，非传统的衔接手段则成为文体创新的重要表现。通过对这些非传统衔接手段的分析，我们可以更深入地理解作品的叙事结构和文体特征。

话语文体学的兴起，还体现在它对语篇、权力及意识形态之间复杂关联的深入探索。这一研究方向的出现，不仅拓宽了话语文体学的研究视野，也使其研究内涵更加丰富。研究者们通过分析不同语境下的语篇，揭示了语言使用与权力运作、意识形态建构之间的相互作用。

此外，话语文体学的研究还显著推动了社会历史/文化文体学的蓬勃发展。它将语言使用置于更广泛的社会历史和文化背景中进行考察，从而揭示了语言风格与社会结构、文化传统之间的密切联系。

综上所述，话语文体学的兴起标志着文体学研究的一个新阶段，它不仅为语言学研究提供了新的视角和方法，也为理解语言在社会实践中的作用提供了深刻的洞见。通过对话语文体学的深入研究，我们能够更好地理解语言如何塑造现实、传递权力和意识形态，从而在商务沟通、教育、媒体等多个领域发挥更加有效的作用。

## 四、20 世纪 90 年代：社会历史文化文体学的蓬勃发展

对于文体学的发展，这一时期尤为显著的特征是社会历史/文化文体学的迅猛崛起。随着语言与社会语境间的联系愈发紧密，人们愈发认识到语篇不仅是社会意识形态的映射，更是意识形态与社会结构交织的产物，且两者间存在着密切的相互作用。在部分学者眼中，语篇文体分析的核心使命在于揭露并剖析社会中存在的不平等与歧视现象。

提及英国文体学家伯顿，她无疑被视为社会历史/文化文体学领域的先驱之一。伯顿敏锐地观察到，语言作为沟通的桥梁，构建了一个既虚拟又真实的世界，而风格分析则是深入理解这一世界的窗口，也是推动社会进步的重要工具。

回溯至 1969 年，韩礼德在意大利的文学文体研讨会上，发表了其重要作品《语言功能与文学文体》。在这部作品中，他清晰地阐述了意义在文体研究中的核心地位，并深入探讨了功能理论与文体研究之间的紧密联系。韩礼德的新颖视角和独到分析方法，迅速吸引了学术界的关注，为功能文体学的繁荣发展奠定了坚实基础。

值得注意的是，功能文体学的成就并非偶然，它是长时间学术积累与演化的产物。在韩礼德之前，已有许多学者对功能、语言意义及语境等概念进行了深入研究。这些研究成果如同基石，为韩礼德的理论创新提供了有力支持。

在本节中，笔者将简要回顾这些先驱者的贡献，以展现功能文体学的发展脉络。特别要提到的是，早在公元前 4 世纪，戈尔吉亚斯（公元前 485 年～公元前 380 年）与柏拉图（Plato）（约公元前 428 年～约公元前 347 年）之间，就已就语言的功能性展开了深入讨论。戈尔吉亚斯作为修辞学领域的先驱，其修辞技艺备受赞誉；而柏拉图则以其哲学家的深邃眼光，对修辞的功能性提出了独到见解。两人在《高尔吉亚篇》中的论争，

至今仍对学术界产生着深远影响。

柏拉图在书中质疑了戈尔吉亚斯的理论,担心其可能沦为诡辩术的工具。他强调,修辞的力量不仅在于美化演讲,更在于塑造思想、引导观念。这一观点为后来的语言与修辞研究开辟了新的道路。

马林诺夫斯基,作为20世纪初杰出的人类学家,对语言的意义与功能怀有浓厚兴趣。他深入巴布亚新几内亚,实地考察当地土著人的原始文化,从中提炼出独特的语义理论,明确区分了情景语境与衍生语境两种关键类型。这一理论对功能语言学的演进产生了深远影响。

至20世纪中期,苏联杰出的功能文体学家穆卡洛夫斯基提出了一种独到见解:作品的卓越价值源自语言实现的具体功能,而非单纯依赖于其语言形式的特殊性。

与此同时,伦敦学派的重要成员弗思在文体研究领域,特别是在意义层面,展开了深入探索。他采纳了社会学的视角审视语言,这里的"意义"范畴广泛,涵盖了词汇意义、语法意义,以及社会语境中的深层含义。弗思不仅继承了马林诺夫斯基的语言环境概念,还进一步拓展了其边界,认为社会情境、文化、信仰、参与者的身份地位、历史背景及其相互关系,均构成了语言语境不可或缺的组成部分。作为韩礼德的导师,弗思对其学术道路产生了深远的影响。

韩礼德在汲取弗思及其他语言学家的理论精髓的同时,并未盲目接受一切,而是逐步构建了自己的理论体系。他在前功能文体学家的研究基础上,提出了语言的三元功能理论,即概念功能、人际功能与语篇功能。其中,概念功能主要描述了说话者对外部世界和内部世界的经验,包括经验功能和逻辑功能;人际功能指的是语言作为与他人交流和采取行动的手段,展示了在特定语境中说话者与听众之间的关系,它强调的是语言在建立、维持和改变社会关系方面的作用;语篇功能指的是说话者组织文本的能力,它使语言能够与语境相联系。

尽管韩礼德的功能文体理论在文体学史上出现较晚,但其凭借理论的相对完整性迅速流行开来,赢得了文体研究领域众多学者的青睐。

# 第二节 功能文体学的理论基础——系统功能语言学（SFL）

如上所述，功能文体学构成了文体学领域中的一个核心分支，它根植于韩礼德的系统功能语法理论之中。系统功能语法由两大支柱构成：系统语法与功能语法。系统语法将语言视作一种资源和一种潜在的能量，它由一系列在系统网络中相互交织的选择项组成，供我们在交流中灵活运用；而功能语法则深入探讨了如何根据特定的情景语境，从这一系统中作出选择，以实现预期的交际效果。这两大支柱共同构成了该理论框架的坚实基础。

作为功能文体学的理论基石，系统功能语言学展现了一个相对完整且全面的理论体系，为我们提供了进行科学而合理的功能文体分析的有力工具。《系统功能语言学概论》（胡壮麟等，2005）精辟地概括了系统功能语言学的五大核心要点，这些要点同样构成了功能文体学的基本指导思想。

## 一、功能

首要探讨的是"功能"这一核心概念。从系统功能语言学与功能文体学的命名中，我们不难察觉"功能"在此理论体系中的核心地位。

韩礼德（1967）深入剖析了语言的三大元功能：概念功能、人际功能与语篇功能。其中，概念功能旨在描绘人们的社会心理体验及事物间的逻辑关联；人际功能则侧重于表达说话者的立场、情感与评价，以及其与听众的微妙关系；而语篇功能，则是将前两者巧妙融合，编织成连贯的篇章，以适应特定的情境语境。

具体而言，概念功能依托及物结构与词汇中的核心词汇得以展现；人际功能通过情态结构、语调及情感/态度词汇来传达;而语篇功能则借助主位结构、信息结构及语言元素的衔接来实现篇章的连贯与统一。

韩礼德进一步指出,这三大功能共同构成了语言的三种意义潜能。在实际交流中,说话者会根据具体的情境语境,从这三种意义潜能中作出选择,而这些选择无一不蕴含着文体意义。

他强调,在文体分析的视角下,语言的功能充当着语言形式与情境语境之间的桥梁。语言形式,诸如语法结构与音系结构等,本身并不具备文体意义;只有当它们被证明实现了说话者的预期意义,即在特定情境因素的驱动下发挥了特定功能时,我们才能称之为语篇的文体特征。

## 二、系统的思想

弗思(1957)把语言的聚合关系定义为系统。叶尔姆斯列夫(Hjelmslev,1953)认为系统的底层是聚合关系。韩礼德倾向于叶尔姆斯列夫的看法,把语言系统视作可进行语义选择的网络(胡壮麟等,2005)。

在这个框架下,语言被视为一个极其复杂且充满活力的"系统的系统"。这些子系统,比如英语的数、时态、人称等,各自代表着在特定情境下语言的选择可能性。它们并非孤立,而是通过聚合关系紧密相连,形成了一个层次分明的意义潜势。在这个潜势中,每一个选择都会带动后续语法结构的调整,确保语言表达既准确又连贯。

系统的思想还指出,语言使用的本质是一种有动因的选择。说话者在交流时,会根据具体语境,从庞大的系统网络中挑选出合适的选项。这个过程不仅展现了说话者的意图,还将抽象的意义潜势转化为具体的语言表达。比如,在及物性系统中,选择"物质过程"而非"心理过程",句子的语义重心就会改变,传递出不同的信息和情感。

系统的思想为我们理解语言的本质和运作机制提供了新的视角。它揭示了语言作为复杂系统的内在结构和动态变化,强调了选择在语言表达中的关键作用。这一思想不仅深化了我们对语言的认识,也为语言学的研究和实践提供了新的思路和方法。

## 三、层次的思想

为了适应多样化的模式和各种情境，系统语言学提出了语言的多层次结构。具体而言，主要包含三个核心层次：实质、形式与情境。实质作为语言的基石，涵盖了声音与图形两种物质形态；形式则是将这些实质或素材组织成特定语言可识别部分的方法论；情境则聚焦于语言运用的具体环境，它由三个维度构成：语场（探讨发生之事）、语旨（关注参与者身份）以及语式（分析语言在情境中的功能角色）。

除上述主要层次外，系统语言学还认可了音系学、图形学及语境等中间层次的存在，以调和主要层次间的内在联系。在韩礼德的后续理论中，情境与实质被重新定位为语言外部的层次，从而确立了三个核心的语言层次：语义学（特别是话语语义学）、词汇语法以及音系学（或图形学）。这些层次共同构成了功能文体分析的理论框架与研究领域。

各层次间紧密相连，呈现出一种实现性关系。在交际过程中，说话者会根据具体的情景语境，从由概念意义、人际意义及语篇意义交织而成的语言系统中作出选择。这种在语义层次上的选择，将进一步驱动词汇语法层次上的抉择，进而塑造出具体的语法结构；而词汇语法层次的选择，又会影响说话者在音系（或图形）系统内的选择，最终生成相应的音系（或图形）结构。本书正是基于这一理论框架，对英语销售信函进行了功能分析，旨在揭示并阐释不同层次间文体特征的独特表现。

## 四、功能的思想

功能是语言存在的根本。根据系统功能语言学中所说，语言系统是人们在社会交往中为满足各种功能需求逐渐发展出来的。语言不是凭空出现的符号集合，而是"社会符号"，它的形式和规则都是由社会功能来决定的。例如，词汇语法中的及物性系统，都是为了表达经验的概念功能而服务的；而语气系统则是为了满足人与人之间的交流需求。

功能和系统思想紧密相连。语言被看作是一个由许多子系统组成的"意义潜势"，我们使用语言的过程，就是在这些子系统中进行有目的的功能选择。功能与元功能的区别在于抽象层级不同，元功能是高度概括的三大语义范畴（概念、人际、语篇），属于语言系统的"元理论框架"；而功能则是"形式化的意义潜势的离散部分"（胡壮麟等，2005）。例如，及物性系统包括动作者、过程、目标等功能成分，信息系统包括新信息和已知信息两种功能成分等。

## 五、语境的思想

语境，作为语篇展开的总环境，其涵盖范围远超单纯的语言环境，更囊括了非语言因素的即时动态。通常，语境可细分为两大类别：文化语境与情景语境。前者，乃语言系统所处的广泛背景；而后者，则聚焦于语篇生成的具体场景。文化语境通过无数鲜活的情景语境得以体现与实现。

特别地，情景语境在功能文体学中占据着举足轻重的地位，因为它直接影响到人们在语言系统中的选择与运用。对语篇所处的特定情境拥有清晰的认知，将有助于我们更准确地判断哪些特征蕴含文体价值，而哪些则不然。

## 六、盖然率的思想

韩礼德从信息论中汲取了"近似"与"盖然率"的精髓。他主张语言是一个连续体，我们在传递意义时，并非总是依赖同一套表达方式，而是一种概率性的选择，而非绝对。以好天气为例，我们可称之为"bright day"、"sunny day"、"shining day"、"fine day"或"good day"，任何一种表达皆能描绘同一现实，关键在于依据特定情境选择最恰当之语。

若某一语言项目在特定情境中频繁出现，或许可视为该语篇的文体特色。例如，主动语态在日常交流中较为普遍，但在科学语篇中，被动语态则占据上风，此频率差异或可表明被动语态对科学语篇具有独特的文体价值。

功能文体学，作为现代文体学之分支，巧妙地将系统功能语法融入文体分析之中。功能文体学家通过语言学理论剖析语言结构，力求在不同层面挖掘文体效果的客观依据。

他们不仅致力于描述与分析语言结构及其现象，更旨在结合具体情境语境，阐释并评估这些语言现象所蕴含的文体效应。本书进行的功能文体分析，亦肩负此重任：通过频率分布描绘商务英语语篇的文体特征，并依托情境语境阐释其原因。

## 第三节 多模态理论在语言研究中的应用

### 一、多模态理论的起源与发展

多模态理论在语言研究中的应用日益广泛，其理论基础可追溯至语言学领域的早期研究。甘珀兹（Gumperz，1964）提出的"库"（repertoire）这一概念为理解个体如何在不同社会语境中运用并管理其语言资源提供了重要视角。甘珀兹指出，个体的语言库不仅包含语言本身，还隐含了与其他交际手段（如图像、声音、手势等）之间的潜在联系。这一观点为多模态理论的诞生奠定了理论基础。

随后，海姆斯（Hymes，1972）进一步扩展了语言库的研究范畴，提出了空间库和符号库的概念。海姆斯认为，语言不仅是声音和文字的集合，而且是与特定的空间环境和符号系统紧密相连的。他将语言库的研究扩展到符号范畴，强调了语言与其他符号系统在交际中的相互作用和相互依赖。这一观点为多模态理论的发展提供了重要支持。

随着研究的深入，学者们逐渐意识到多模态交际的重要性。布洛克

（Block）和霍金斯（Hawkins）在1986年的合作研究中指出，双（多）语者在交际中不仅运用语言资源，还运用图像、手势等多种符号资源。这些资源随着个体的生活、学习和工作阅历的发展而不断丰富，形成了多模态的交际方式。这种多模态交际方式不仅增强了交际的多样性和灵活性，也体现了人类交际的复杂性和动态性。

多模态理论的核心正是这种多符号、多模态的交互方式。它强调语言与其他符号系统在交际中的相互作用和相互依赖，认为交际是一个涉及多种模态和符号资源的复杂过程。这一理论不仅丰富了我们对语言交际的理解，也为语言学、心理学、教育学、人工智能等多个领域的研究提供了新的视角和方法（Jewitt, 2009）。

例如，在教育学领域，多模态理论为语言教学提供了新的思路。教师可以运用图像、音频和视频等多种教学资源来创设更加生动和有趣的教学环境，吸引学生的注意力，提高教学效果（Kress and van Leeuwen, 2001）。同时，学生也可以通过多种模态的信息输入来更好地理解和记忆语言知识，提升学习效率和成绩。

在人工智能领域，多模态理论也发挥了重要作用。多模态对话系统结合了图像、声音、文本等多种模态的信息，使得对话系统能够更准确地理解用户的意图，并给出更加自然和符合用户期望的回应（Baltrušaitis et al., 2019）。此外，多模态机器翻译也结合了图像、声音等多种模态的信息来辅助翻译过程，提高了翻译的准确性和流畅性（Caglayan et al., 2019）。

综上所述，多模态理论在语言研究中的应用广泛且深入，为理解人类交际的复杂性和多样性提供了重要视角和方法。随着技术的不断进步和应用场景的不断拓展，多模态理论将在更多领域展现出其巨大的潜力和价值。

## 二、多模态理论在语言研究中的应用

### （一）多模态语言学

多模态语言研究作为一门学科，致力于探讨不同语言表达形态的规律性与独特性，尤其聚焦于各模态间的互动、融合机制及其在交流中的角色。该领域的基础理论架构涵盖了多模态交流理念、多模态符号学解析以及多模态语法规则等，这些理论为解析多模态语言现象贡献了关键性的视角。

多模态交流理念着重于通过多感官途径，在特定的时空背景下，融合两种或两种以上的交流符号，并通过媒介手段完成意义的构建。例如，西格丽德·诺里斯（Sigrid Norris）在其作品《多模态交互分析：一种方法论框架》（Analyzing Multimodal Interaction：A Methodological Framework）中，提出了一套分析多模态交流的方法，对交流结构进行了详细划分，并阐述了参与交流的主要模态及其特征。

从社会符号学的角度出发，多模态符号学研究探讨了各模态如何作为符号资源生成意义。赵劲（2021）在青岛大学外国语言文学系列学术讲座中，从感官角度引入了声音、图像、旋律、言语等不同模态，并对它们的符号化水平进行了对比分析。同时，同济大学语言学与多模态符号学研究机构也在跨学科领域内，对语言交流与符号意义进行了深入研究。如黄立鹤（2019）将言语行为理论融入多模态研究，分析了交际者情感态度对言语交际和语义推理的影响；顾曰国和黄立鹤（2020）共同编著出版了《老年语言学与多模态研究》，系统阐述了老龄化语言衰退的多模态干预策略。

多模态语法结合了构式语法理论，探讨了该理论在多模态环境中的应用及其未来发展趋势。吴素伟（2022）概述了多模态构式语法的理论基础和框架，并对该领域的未来发展进行了展望。

综合多种模态的符号系统，多模态语言学为我们提供了一种全新的视角来理解语言和交流，从而更全面地揭示了语言在现代社会的复杂性与多样性。

### （二）多模态语言教学

整合感官与模态资源的教学策略，即多模态语言教学，其旨在通过构建丰富的教学场景、策划多元化的教学互动、加强评价体系以及提高教师的多模态教学技巧，从而提升教育成效并培育学生的多模态交流技巧。此方法注重教学的多维性、情境构建、互动性以及实践性，以顺应社会文化的多元性和表现形式的多样性。多模态语言教学的精髓在于运用不同模态（包括但不限于言语、视觉图像、音频、视频、肢体动作等）来激发学生的感官体验，进而增强学习成效。这种方式不仅能革新传统的单一教学模式，还能充分利用数字网络资源，为外语学习带来新的动力。通过这种教学方式，学生能够在贴近真实的语言使用环境中进行学习，有助于增强他们的词汇听说技能。

实践证明，多模态教学模式能有效增强学生的英语综合运用能力和跨文化交流能力。它通过激活学生的感官参与，加强了师生、生生以及学生与多媒体和网络之间的互动，显著提升了教学品质。此外，多模态教学还能激发学生的学习热情，增强他们的自主学习与创新思维能力。

然而，多模态教学对教师的专业素养提出了更高的挑战。教师需掌握先进的教学理念，并提高自身的教学技能，以满足多模态教学的要求。同时，教师还需精心设计高效的多模态教学活动和评价方法，以优化教学流程。

综上所述，多模态语言教学是一种高效的教育手段，它通过综合调动多种感官和模态资源，显著促进了教学成效和学生多模态交流技能的提升。为了达到这一目的，教师需持续更新教学观念，增强教学能力，并创造多元化的教学与评价模式。

### （三）多模态话语分析

多模态话语分析是一种全面的探究手段，目的在于对语言以及图像、声音、肢体动作等其他表达形式进行深入和系统的探讨，该方法在不同学科领域内得到了广泛的运用，涵盖了语言教育、交流探索和智能科技等。

在语言教学实践中，多模态话语分析有助于教育工作者更深入地洞察学生如何利用多样的感官符号进行知识吸收。例如，雷茜和张春蕾（2022）通过对六个获奖课堂的导入环节进行多模态文本分析，研究了外语教师如何运用多模态资源进行课堂导入设计。研究发现，在课堂导入时，教师普遍运用语言和视觉模态来构建新课程的认知基础，同时，肢体动作如眼神接触、面部表情和手势在吸引学生注意和提升互动方面扮演关键角色，多模态元素的组合在塑造学生学习体验时，其互补和强化作用显著。研究还指出，有效多模态课堂导入的设计应遵循以下原则：主题的相关性、生活贴近度、模态的简洁性、肢体语言的适当运用、模态间的互补性以及选择的灵活性。

在交流研究的范畴内，多模态话语分析阐明了人际交流的本质是多维度进行的，不仅限于言语符号，还包括了音律、面部表情、身体动作等非言语交流手段。这种解析方法有助于全面揭示交流过程中的意义构建，并促进了社会符号学、交互社会学等领域的交叉研究。

在智能科技领域，多模态语言模型通过融合文本、图像、声音等多种数据格式，大幅提升了人工智能技术的应用效能。这些模型在视觉问答系统和图像自动标注等复杂任务中展现了卓越的性能，展现了跨模态数据整合的巨大前景。

通过整合不同模态的信息资源，多模态话语分析为语言学、教育学、人工智能等学科开辟了新的研究视野和技术路径，推动了跨学科的研究进展与应用实践。

## 第四节　商务英语语篇研究现状

### 一、研究趋势

在商务英语语篇分析领域，研究者们正逐渐从传统的文本分析转向更为综合的理论框架。系统功能语言学（SFL）因其能够揭示语言的功能和语境之间的关系而受到青睐。当前的研究趋势体现在以下几个方面。

### （一）多模态分析

随着多媒体和数字技术的发展，商务英语不再局限于文字，而是包含图像、声音和视频等多模态元素。这种多模态分析方法认为语言不是孤立存在的，而是系统地与视觉、听觉等其他符号相结合，共同构建意义（Unsworth，2008）。研究者开始探讨这些元素如何与语言互动，共同构建广告、产品演示和商务报告中的综合信息。例如，广告中的图像和文字如何协同工作以吸引消费者的注意力，以及如何通过这种协同作用来提高信息的传达效率。

在这一趋势下，多模态分析不仅关注语言本身，还深入探索了图像、色彩、排版等视觉元素以及背景音乐、音效等听觉元素在商务英语语篇中的功能。研究者们发现，这些非语言元素在塑造品牌形象、传达产品特性和激发消费者情感方面发挥着重要作用。例如，在产品推介演讲中，演讲者的肢体语言、面部表情和语调变化都能增强信息的表达效果，使观众更加投入和信服。

多模态分析还强调了不同模态之间的相互作用和协同效应。例如，在广告中，一个引人注目的图像可能会引导观众关注特定的文字信息，而文字信息则可能进一步解释或强化图像所传达的意义。这种模态间的协同作用不仅丰富了信息的呈现方式，还提高了信息的记忆度和说服力。

克瑞斯和范勒文（Kress and van Leeuwen，2001）提出的多模态语篇分析理论为研究者提供了一个全面审视推广活动中多种符号系统的框架。这些符号系统包括语言和诸如目光交流、手势等非语言要素，以及 PPT、图表等视觉素材。此类分析方法有助于洞察不同符号系统在沟通过程中的相互作用及其对沟通成效的具体影响。

杨梅（2017）的研究显示，两位美籍博士在商务英语推广中的表现差异显著。博士 1 在结合语言和非语言模态方面做得较好，从而取得了更佳的推广成效；而博士 2 则在 PPT 制作和图像模态的使用上更为娴熟和灵活。这一对比说明，在商务英语推广中，恰当结合语言和非语言模态对于增强沟通效果极为关键。

多模态运用的具体影响可通过多个实例加以阐明。例如，根据杨梅（2017）的研究，博士1在介绍眼病相关内容时，若仅依赖非语言模态而缺乏语言的辅助，其效果会受到影响；而结合图示进行详细讲解则能显著提升效果。博士2在推广社交媒体时，通过生动形象的流程图和商业图表，有效地传递了大量信息，从而加强了沟通的成效。商务文化的个性展示空间允许推广者在遵循基本准则的同时，通过个性化的展示手段来增强沟通效果。推广者可以在着装和PPT设计上根据实际情况进行调整，以更好地契合目标受众的文化预期。

此外，瓦莱拉斯-胡拉多和莫雷尔（Valeiras-Jurado and Morell，2020）指出，学术英语和专门用途英语的学生应当关注熟练演讲者如何巧妙地融合不同的符号系统以提高听众的参与度。这种多模态沟通技能的培养有助于学生在非母语环境下更有效地进行商务推广。

综上所述，多模态的合理运用在商务英语推广中扮演着至关重要的角色。通过有效整合语言和非语言模态，推广者能够显著提高沟通的成效。

### （二）基于语料库的对比分析

随着语料库语言学的发展，研究者开始将语料库方法应用于跨文化商务英语语篇的对比分析，通过构建和分析来自不同文化背景的商务英语语料库，了解不同文化在商务沟通中的语言差异和语篇特征。这些语料库包含了商务英语中的典型语篇，如会议记录、商务信函、产品描述和市场分析报告，为研究者提供了丰富的数据资源，使他们能够识别和分析商务英语中的模式和趋势，从而更好地理解语言在商务环境中的运作方式。例如，海达里·格泽勒杰和莫亚尼（Ghezeljeh and Moini，2013）对比分析了英文和波斯文推销信，发现波斯文推销信更简短，更注重自我介绍，而英文推销信更注重顾客需求。这类研究有助于提高跨文化商务沟通的有效性，帮助商务人士在多元文化的环境中建立有效的工作关系。

随着语料库语言学的不断进步，研究者得以深入挖掘商务英语的独特性。例如，江进林和许家金（2015）的研究成果表明，多维分析法在区分商务英语与日常英语方面具有显著效果，可以从互动性、信息传递、说服力等多个话语功能维度来分析两者之间的差异。此外，通过比较不同文化背景下的商务英语语料库，研究者能够更加深入地理解文化对商务交流的影响。例如，中英两种语言在句法和语用上的差异，很可能与各自的文化因素紧密相关。

语料库语言学不仅揭示了语言的使用模式，还大大降低了研究过程中的主观性。在跨文化交际的研究中，语料库方法能够提供具有统计学意义的关键词，揭示特定的语言模式，从而增强研究的可复制性和科学性。

在商务英语翻译领域，语料库语言学的应用显得尤为重要。借助语料库进行翻译研究，研究者可以对比原文与译文的词汇、篇章和风格，从而提高翻译的精确度。这种方法有助于避免因文化差异导致的语用错误，使翻译更加准确和贴切。

商务英语中的文化差异和语篇特征主要体现在以下几个方面：第一，在语言风格与表达方面，不同国家的商务信函，如美国、土耳其、中国和格鲁吉亚，在语言流畅度、词汇、语法、风格、格式和信息组织上展现出各自的特色，这些差异反映了各自的文化背景。在中美商务谈判中，文化差异导致的语篇模式不同，可能会对谈判效果产生影响。例如，英语强调直接和清晰的表达，而中文则受到儒家文化的影响，更倾向于含蓄和礼貌的表达方式。第二，在非语言沟通方面，国际商务谈判中的非语言沟通方式（如手势、面部表情等）因文化差异而有所不同。第三，在文化传统符号与习俗方面，中西方节日的文化含义存在差异，翻译时需要传达节日的内涵。同时，数字和习俗在不同文化中的意义也不同，如西方对数字13的看法与中国人对红色的喜好。

（三）跨文化交际

在全球化背景下，商务英语研究开始关注不同文化背景下的交际策略和语篇特征，以及如何通过语言实现跨文化理解（Kecskes and Papp，2000）。研究者探讨了文化差异如何影响商务沟通，包括语言选择、非言语行为和商务礼仪。这种研究有助于提高跨文化商务沟通的有效性，帮助商务人士在多元文化的环境中建立有效的工作关系。

在商务英语翻译策略方面，译者需要具备跨文化理解能力，掌握专业术语，以确保翻译的准确性和法律严肃性。在翻译广告语言时，应注重灵活性和生动性，而在国际贸易文章标题的翻译上，则应追求简洁和吸引力。

跨文化交际面临的挑战在于，语言选择和策略的差异体现了文化背景、权力关系和社会关系的复杂性。尽管商务英语在国际沟通中扮演着重要角色，但它也可能成为误解的根源。语言、沟通风格、商务礼仪和刻板印象等因素都可能影响交流的成功。

在跨文化交际的语境下，商务英语的功能文体分析不仅限于语言层面，更深入到文化习俗、价值观和社会规范等层面。研究者们开始探索如何通过语言手段和非语言手段，如体态语、空间距离和时间观念等，来传达和解读不同文化背景下的商务信息。

此外，心理学和社会学理论在商务英语教学中的应用，可以通过模拟国际工作环境、社会构建主义的支持、跨文化交流能力的全方位培养、心理要素的重视以及现代技术的运用等多种途径，来增强学生的跨文化交流能力。

文化—社会学习理论着重于学习者与其所处的社会文化背景之间的相互作用和成长。在商务英语的教学过程中，教师可依据此理论来规划课程内容，让学生在仿真的国际商务环境中进行角色扮演和团队协作练习。例如，通过再现跨国企业中的项目讨论场景，学生不仅锻炼了英语技能，同时也学会了理解和适应不同文化背景下的沟通方式。这种模式让学生在无风险的环境下学习处理文化差异和交流难题，进而提升他们在全球舞台上的沟通技巧。

社会构建主义观点认为，知识是通过社交互动而形成的。在跨文化商务英语教学中，教师应当激励学生参与集体学习，并支持那些不太活跃的学生发表意见，帮助他们突破心理障碍。同时，教师应依据学生的个人认知发展区提供适宜的辅导，确保每个学生都能在适宜的学习水平上取得进步。

跨文化交流技能的培养涉及行为和语言文化两个层面。在行为层面，教师可以指导学生如何在商务场合中展现得体的行为，比如如何达成建设性的妥协和维持良好的人际关系；在语言文化层面，教师应协助学生掌握有效的语言交流技巧，如清晰表达观点、积极倾听、总结和关注同伴的意见。这些技能可以通过课堂内外与同学的语音互动来锻炼。

心理要素在学生跨文化交流能力成长中扮演着关键角色。教师可以通过激发内在动力、组织交流活动、提供语言素材和面对挑战来促进学生跨文化交流能力的提升。例如，通过开放式讨论、模拟情景和实际案例的学习，教师能够唤起学生的学习兴趣，推动跨文化交流的提升，并增强他们的就业潜力。

现代通信工具，如电子邮件、Skype、博客和互联网，能够提高语言和跨文化交流能力，促进学生在虚拟环境中的沟通。这些工具不仅帮助学生克服了时间和实际情境的限制，还为他们提供了与世界各地人士交流的机会，从而加强了他们的跨文化交流技能。

在提升文化理解能力方面，教师扮演着至关重要的角色。他们应当采纳多元化的教学方法，通过实际操作、鼓励跨文化议题的讨论和利用网络资源来帮助学生克服困难。同时，教师应保持开放的态度，适应不同的教学环境，并将 ESP 学习者的需求和期望融入课程设计中。

**（四）商务英语语篇的教学研究**

研究者将商务英语语篇分析的成果应用于教学实践，开发教学材料和方法，如案例研究、角色扮演、模拟商务会议等，以提高学生对商务英语语篇结构和功能的理解，并培养学生的商务沟通技巧。例如，海兰和汉普-莱昂斯（Hyland and Hamp-Lyons, 2002）探讨了如何将商务英语语篇分析应用于教学实践，提高学习者的语言能力和商务沟通技巧。

这些教学创新不仅帮助学生掌握商务英语的语言特征，还增强了他们在实际商务环境中的应变能力。通过案例研究，学生能够深入分析真实的商务情境，理解不同语篇类型的运用和效果。角色扮演和模拟商务会议等活动则进一步让学生在模拟的商务环境中实践语言技能，体验跨文化商务沟通的挑战与机遇。

此外，一些研究还关注商务英语教师在教学过程中的角色和作用。他们发现，教师在传授语言知识的同时，也需要引导学生理解不同文化背景下的商务惯例和礼仪，培养学生的跨文化意识和敏感度。通过组织文化讲座、邀请行业专家进行分享等方式，教师可以为学生提供更广阔的视野和更深入的理解。

在商务英语课程的实践中，多模态教学设计的实施展现了多样化的应用场景，例如，在某大学的商务英语课程中，借助 U－MOOC 平台，实施了多模态教学策略。课程内容分为三个主要部分：课前准备、课堂展示与练习、课后总结与答疑。学生通过独立学习和小组合作完成学习任务，并在课堂上通过演讲、角色扮演、情景模拟和思维导图制作等方式展现学习成果。教师则采用综合评价体系，全面考量学生的口语表达、视觉辅助手段以及交际时的肢体语言，以提升学生的多模态表现能力（陈悦笛，2020）。

在广州某职业学院，商务英语写作课程采用了课堂实践研究法，验证了多模态教学的有效性。研究显示，这种方法有助于构建积极互动的学习过程，提高学生的商务写作能力，增进师生互动，增强学生的批判性思维和跨文化沟通意识（刘峰，2022）。

在商业写作课程中，教师运用了文本、音频、图像和动画等多种资源，帮助学生模拟商业环境，从学生视角转向职场视角，丰富商业情境体验。通过角色扮演、小组讨论和思维导图绘制等活动，学生明确了提案的结构和内容，这些活动打破了单一文本的限制，拓宽了学生的思维。

在产品推广课程中，多模态教学法被应用于教授学生推销技巧。学生通过团队合作创作推广材料，并接受同伴和教师的评估。结果证实，采用多模态教学法使学生在口语表达上有了显著提升（Marzá and Gómez，2022）。

在高等职业院校的商务英语教学中，教师结合视觉、听觉、肢体和空间布局，创造了积极参与的学习氛围，提升了学生的口头和书面表达能力。多模态教学旨在适应学生的不同学习风格和需求，增强他们的多模态理解和专业技能（Khammari，2023）。

综合以上研究，可以发现，多模态信息认知模式对商务英语学习者的影响有以下四个方面：第一，语言能力提升。多模态教学通过整合图像、声音和视频等资源，加强了学习者对语言的吸收和应用。商务英语视听说课程中，学生通过多模态学习，更全面地掌握了语言知识，提高了语言输入的质量，促进了语言的内在化。第二，商务技能增强。多模态教学不仅提升了语言能力，还加强了商务技能。在 PPT 演示中，学生通过视觉元素构建意义，提高了在商务交流中使用多种符号资源的能力。第三，自主学习与综合应用能力提升。多模态教学通过课前预习、课堂学习和课后复习，提高了学生的自主学习能力和语言综合应用能力。学生在自主学习阶段，通过多模态资源的辅助，加深了对知识的理解。第四，多元识读能力培养。多模态教学还培育了学生的多元识读能力，使他们能够批判性地处理信息。这种能力的培养有助于学生在多元化的环境中高效完成实践活动。

综上所述，多模态信息认知模式通过整合多种感官和符号资源，显著提高了商务英语学习者的语言和商务技能，增强了他们的应用能力和自主学习能力。

**（五）商务英语语篇的跨学科研究**

跨学科研究在商务英语语篇分析领域的趋势日益显著，这一趋势在多个学术领域得到了广泛而深入的探讨。例如，米纳斯扬（Minasyan，2018）等研究者通过分析揭示了修辞手法在商务英语中的应用，这些修辞技巧不仅强化了语言的表现力，而且对于建立和维护良好的商务关系起到了关键作用。同时，计算机科学的迅猛发展使得自然语言处理和机器学习技术在商务文本的处理上得到了广泛应用，极大地提升了处理效率和准确性。

跨学科的研究视角不仅局限于语言学本身，还广泛涉及心理学、社会学、市场营销学等多个学科领域。例如，将心理学和社会学理论融入商务英语教学，有助于学生理解不同文化背景下的商务沟通习惯，从而培养他们的跨文化交际能力。这种跨学科的研究方法使得商务英语的研究更为全面和深入，更好地适应了全球化背景下的复杂商务环境。

商务英语的研究还涵盖了经济学、管理学、法学等多个学科，形成了一个多元化的研究领域。王立非等（2019）认为，研究者的工作涵盖了商务话语分析、商务英语教学、话语的经济价值分析等多个方面，这种多学科交叉的研究方法为商务英语的理论基础注入了新的活力，并推动了其在实践中的应用。

在商务英语语篇分析中，隐喻、委婉语和习语等语言现象的运用不仅丰富多样，而且具有重要的实际意义。例如，在商务英语中，广泛使用隐喻来形象地描述商业环境，如将商业竞争比作"战场"，或用"打破坚冰"来比喻两国关系的改善；委婉语在商务沟通中起到了缓和气氛的作用，如使用"重组"一词来替代"裁员"；习语在商务英语中的应用也十分普遍，尤其是在广告和报纸标题中。

自然语言处理技术在商务英语文本的分类任务上取得了显著成就。传统的分类技术，如朴素贝叶斯和支持向量机，虽依旧广泛应用，但深度学习技术的崛起使得基于循环神经网络和卷积神经网络的模型日益成为主流。这些模型能够深入挖掘文本数据中的复杂模式和相互依赖，从而提升了分类的精确度。同时，预训练模型如双向编码器表示，在文本分类上也展示了其卓越性能，它通过理解上下文来阐明含糊语言的含义，进一步增强了分类效果。

在情感分析这一自然语言处理的重要分支中，深度学习模型同样取得了重大进展。结合使用循环神经网络和卷积神经网络能够有效捕捉文本中的情感特征，更高级的模型，如递归神经张量网络，也被用于处理情感组合性问题，准确预测较长词组的情感倾向。预训练模型如双向编码器和

ELMo 在推动情感分析发展方面发挥了巨大作用,它们通过上下文理解提高了情感分类的准确性。信息抽取领域的关键任务,如命名实体识别和问答系统,也因深度学习模型如 Transformer 架构的应用而性能大幅提升。Transformer 通过自注意力机制更好地把握文本的上下文关系,从而提高了命名实体识别和问答系统的准确度。大规模预训练技术的运用也使得模型在新领域和任务中的泛化能力得到增强。

由于不同语言在结构、词汇和语法上的差异,跨语言情感分析面临诸多挑战。然而,通过采用多任务学习和迁移学习,研究人员能够将这些挑战转化为机遇,实现情感分析模型的跨语言迁移。例如,基于元的自训练方法有效解决了数据不平衡和不足的问题,在情感分析和情绪检测领域表现优异。

尽管自然语言处理技术取得了巨大进步,但还需关注偏见、核心引用解析和上下文理解等问题的解决。研究人员正致力于开发更加公平和透明的模型,以确保技术的健康发展。

另外,商务英语研究在经济学、管理学、法学等学科中的交叉应用实例包括国际贸易和金融领域的语言需求、企业管理中的商务英语应用、商业法律文件的翻译和解释等多个方面。

在企业管理层面,商务英语的运用广泛,涵盖了企业运营和市场营销等多个方面。商务英语课程往往包含商业写作、演讲技能以及跨文化交际等元素,这些都是管理实践不可或缺的部分。同时,随着信息技术的发展,商务英语与计算机科学、数据分析等领域的融合日益紧密,这进一步提升了管理决策的精准度和效率。

在法律实践中,商务英语的重要性体现在商业法律文书的翻译和诠释上。例如,合同和公司法的法律文件需要精确的语言来保障其法律效力。商务英语学者运用跨学科手段,如模糊逻辑和计算机模拟,来增强法律翻译的准确性与可信度。

商务英语的研究方法超越了语言学和经济学,扩展到数学、统计学、计算机科学等多个学科。例如,运用量化分析可以推导出卓越的商务英语双关语翻译，模糊数学为语言研究提供了深入洞察，而乔姆斯基的理论则有助于捕捉语言的广泛现象。

跨学科研究对商务英语教学创新产生了深远的影响，这一影响体现在课程设置、教师发展、实践课程、资源共享、课程设计和政策支持等多个方面。例如，西交利物浦大学的商务英语项目通过跨学科教学模式提升了学生的综合能力（邹斌、钱婷婷和王雪滢，2021），而深圳市某职业技术学院商务外语学院则通过资源共享提高了教学水平。再如，福建省的某应用型本科院校便借助语言经济学理论，创建了一种新型的商务英语人才培养模式，以迎合地区市场需求。该模式注重市场适应性和国际视野，旨在培养具备强大实操能力和市场需求的复合型商务英语专业人才（王云华等，2023）。这些实践证明了跨学科研究在商务英语教学中的巨大潜力。

## （六）商务英语语篇的文体学研究

文体学是研究语言在特定语境下如何表达意义和功能的学科。研究者将文体学理论应用于商务英语语篇分析，探讨商务英语的文体特征和语言风格，如语篇结构、修辞手法、语场特征等，以及这些特征如何影响商务沟通的目的和效果。例如，白洋（2017）将系统功能语法与文体学相结合，分析了英文推销信的语篇功能、概念功能和人际功能，揭示了其背后的目的和功能。

在商务英语语篇的文体学研究中，研究者们还深入探讨了不同文体特征在商务沟通中的实际应用。特别是在跨文化商业沟通时，英语推销信的文体风格差异能左右目标读者的接受程度和反应。例如，非英语母语者写的推销信有时被认为夸张或语法烦琐，但这些特点反倒可能激起读者的阅读兴趣（Shauki et al., 2022）。另外，不同文化环境下的推销信，其结构和用词存在显著差异。例如，新加坡的推销信更侧重于建立信任与尊重，而马来西亚的则更多聚焦于产品细节的描述（Frank et al., 1991）。

在探索商务英语的文体学研究领域，体裁分析理论的实际运用展现了多样化的实例。对于上市公司年报的主席报告书，研究者们借助体裁综合分析的方法，深入挖掘这些报告的内在结构和功能，证实了该分析框架在揭示文本深层次含义和操作实践中的有效性（温植胜，2010）。高天（2013）在研究中，选取了《致股东信》作为研究对象，分析了体裁分析理论在商务英语书信研究中的具体应用，通过对中西方文本在词汇选择、句法结构以及语篇布局上的对比，揭示了不同文化背景下体裁的形成。郭芸和任再新（2015）在研究中，利用语料库对首席执行官的报告进行了细致的体裁分析，进一步巩固了体裁分析在商务英语领域的实用性和重要性。巴蒂亚（Bhatia，1993）在研究中，对比了促销信和求职信的语步结构，指出两者在结构和交际目的上的共通之处，如资质展示、个人介绍、价值展现和请求反馈等关键环节。平托·多斯·桑托斯（Pinto dos Santos，2002）在研究中，归纳了谈判类商务信函的语步结构，涵盖了建立协商关系、信息交换、提问和结束对话等关键步骤。

在商务英语写作的教学实践中，体裁导向的教学法得到了广泛的应用。例如，ESP 教学法注重移位结构、修辞技巧、词汇语法特点以及沟通策略的教学，并通过具体案例分析来提升学生对体裁的认识和理解。

在深入探讨商务英语语篇的文体学研究中，我们注意到，这一领域的研究不仅丰富了我们对语言表达方式的理解，而且对于提升商务沟通的效率和效果起到至关重要的作用。

首先，在语篇结构方面，文体学研究揭示了商务英语中独特的组织框架。例如，商务报告通常遵循"引言—主体—结论"的结构，这种结构有助于清晰、有逻辑地呈现信息。在文体学分析中，研究者们发现，引言部分往往采用概括性和吸引注意力的语言，而主体部分则侧重于详细的数据分析和论点阐述，结论部分则强调总结和行动呼吁。这种结构化的安排使得商务英语语篇更加条理清晰，便于读者快速把握核心内容。

其次，修辞手法的深入研究让我们认识到，商务英语中的修辞不仅仅是装饰性的语言技巧，它们在传递信息、塑造形象和说服受众方面发挥着关键作用。例如，商务演讲中常用的平行结构可以增强语言的节奏感和说服力，使得演讲内容更加难忘；而对比和夸张等修辞手法则能在广告宣传中突出产品的优势，从而吸引消费者的注意力。

此外，文体学研究还关注了商务英语中的语言变异问题。在不同的文化背景和商务语境中，语言的使用可能会出现变异，这些变异既可能是地域性的，也可能是行业特有的。研究者们通过对比分析，揭示了这些变异背后的文化因素和商务实践需求，为跨文化商务沟通提供了有益的指导。

总之，商务英语语篇的文体学研究不仅深化了我们对商务沟通中语言运用规律的认识，也为商务英语的教学、实践和跨文化交际提供了理论支持和实践指导。通过不断探索和总结，我们能够更加有效地运用商务英语，提升个人和企业在国际商务舞台上的竞争力。

## 二、以往研究对本书的参考价值

既往研究为本书提供了理论基础和分析框架。

首先，理论框架的建立。系统功能语言学（SFL）作为一种分析工具，它提供了一套系统的方法来分析语言的功能和语境之间的关系。SFL的三个元功能——概念功能、人际功能和语篇功能，为商务英语语篇的分析提供了一个全面的框架（Halliday and Matthiessen, 2004）。此外，多模态理论补充了 SFL，强调了在商务沟通中语言和其他符号资源，如图像、声音和视频的结合使用（Kress and van Leeuwen, 2006）。这些理论工具的应用有助于深入理解商务英语语篇如何在不同的语境中实现其功能，并揭示了语言和非语言元素如何在商务沟通中相互作用。

其次，方法论的指导。以往的研究不仅提供了理论框架，还展示了如何结合定性和定量方法来分析商务英语语篇。话语分析方法，如批评话语分析（CDA）和语篇分析，已被用来揭示商务语篇中的权力、身份和社会结构（Fairclough, 1995）。同时，语料库方法，包括语料库构建和计算语言学技术，为商务英语语篇的模式和趋势提供了大量数据支持（Biber et al.,

2004)。这些方法论的指导为本书提供了一套系统的分析工具，使得研究者能够从不同角度探讨商务英语语篇。

最后，跨文化研究的启示。跨文化交际理论，如霍尔（Hall，1976）的高低语境理论，为理解和分析不同文化背景下商务沟通差异提供了视角。这些理论强调了文化差异对商务沟通方式的影响，包括语言使用、非言语交流和商务礼仪。通过这些理论，研究者能够更好地理解商务英语语篇在跨文化交流中的适应性和变化，为商务英语教学和实际应用提供了重要的指导。

## 三、以往研究的局限性

经过广泛且深入的文献调研，笔者发现多篇研究成果（如巴蒂亚，1993；平托·多斯·桑托斯，2002）均强调了商务英语文体特征在语言应用中的核心地位，尤其是在商务信函、合同及广告等关键领域。部分文献（韩礼德和马蒂森，2004；克瑞斯和范勒文，2006）更是致力于构建理论框架，以系统化地推进商务英语文体学的研究，凸显了对系统化研究路径的迫切需求。同时，众多研究（方燕燕和桂林，2016；白洋，2017）采用了功能语篇分析方法，深入剖析商务英语的文体特征，这一趋势反映了该方法在学术界的广泛接受与认可。

然而，随着数字化时代的全面来临，商务英语语篇的文体学研究正面临前所未有的挑战与机遇。具体而言，在社交媒体与电子商务平台的推动下，商务英语语篇的展现形式愈发丰富多元，涵盖了文字、图像、视频等多种媒介。这一变化敦促研究者不仅要深入挖掘语言层面的文体特色，还需密切注视多模态语篇中文体要素的相互融合与协同作用，并深入剖析这些协同作用如何深远地影响商务沟通的实际成效，从而为本书提供了一定的研究领域与潜在机会。

因此，本书聚焦商务英语语篇中的两种主要类型：产品销售信函和演讲，以系统功能语言学为理论框架，从语篇、语法、词汇和文字四个层面，对英语销售信函进行功能文体分析，同时结合多模态理论，从更宽广的视角分析英语广告和商务英语演讲的文体特征，揭示全球化和数字化背景下商务英语语篇在达成商务沟通目标时所运用的语言策略和技巧，为商务英语教学和实际应用提供新的理论支持和实践指导。

# 第三章 商务英语销售信函的功能文体分析

## 第一节 语篇分析方法

本章致力于对英文销售信函进行深入的定量分析，旨在挖掘潜藏于大量数据之中的普遍性语言特征与文体模式。笔者认识到，定量方法凭借其强大的数据处理能力，能够精准提炼出数据背后的规律。为此，笔者从权威的商务英语写作教材中精心筛选了 64 封英文销售信函，构建起全面的语料库，并随机选取了其中 32 篇语篇，作为本书的核心分析对象，进行了多维度、多层次的功能文体分析。

这些销售信函均出自英语母语者之手，旨在展示商务写作的规范与技巧。尤为值得一提的是，大部分信函均源自真实的商务沟通场景，确保了其内容的真实性与实用性，为分析提供了坚实的基础。

在分析过程中，笔者对这 32 封英文销售信函进行了全面而细致的剖析。在语篇层面，笔者统计了衔接手段的使用频率，以揭示语篇内部的逻辑联系；在语法层面，笔者深入探讨了及物性结构、语气系统、主语类型以及主位结构的多样性，包括标记/非标记主位与复项/单项主位的运用；在词汇层面，笔者则记录了关键词类的出现频率；在文字层面，笔者还特别关注了如下划线、斜体字等视觉前景化手段的使用。

不仅如此，笔者还对销售信函特有的"注意—兴趣/欲望—信念—行动"四部分结构进行了深入分析，以期发现各部分的独特文体特征与功能实现机制。笔者认为，这四个部分各司其职，共同构成了销售信函的完整框架，而每一部分都运用了特定的语言工具来实现其交际目的。因此，在进行一般性的数据计算之余，笔者还对每个部分进行了深入的专题研究，以期揭示更多有价值的信息。

数据计算作为本书的基础与核心环节，为后续的解释工作提供了丰富的数据支持。在解释阶段，笔者结合上下文因素深入剖析了突出的文体特征，并展示了这些特征如何在语篇中作为前景化手段得到体现。分析过程将分为两大步骤：首先进行数据计算工作，包括整体语篇的总体计算与各部分的详细计算；随后结合计算结果进行深入的统计数据分析与解释工作。

## 一、数据真实性的考量

在数据搜集的初始阶段，笔者面临两项选择：一是直接采集中国公司与外国客户间实际发生的英文销售信函，二是从商务英语写作教材中提取数据。最终，笔者基于双重考量放弃了第一种方案。首要顾虑在于，非英语母语环境下撰写的销售信函可能在文体特征上缺乏足够的代表性和真实性，难以确保分析结论的普遍适用性。其次，鉴于研究需求的大规模数据支持，在一个英语非母语的国家内迅速汇聚足量、高质量的英文销售信函实属不易，时间成本与实际操作难度均不容忽视。

鉴于此，笔者转而采取了更为稳妥的策略——从权威书籍中构建语料库。这些书籍中的销售信函均由英语母语专家撰写或精心编辑，旨在展示标准的英语商务写作范式。尤为重要的是，虽然它们作为教学材料被编纂，但其中大部分内容实则源于真实的商务交流场景，确保了数据的真实性与可靠性，为后续的深入分析奠定了坚实基础。

## 二、语料库概览

销售信函，作为商务沟通的重要载体，其核心目标在于向潜在客户推广产品或服务,通过精心构建的言辞激发其购买欲望。这些信函所推广的对象广泛多样,既包括实体商品,如润滑油、奥古斯丁办公通信系统,也涵盖诸如国际函授学校课程、约翰·C. 鲍尔公司管理服务等非物质性服务。

本书研究的语料库精心筛选自两本权威著作:《商务信函手册》(第三版)(中信出版社,1999)与《外贸英语写作》(中国人民大学出版社,1999),全面覆盖了上述两类销售信函的多样形态。笔者首先广泛收集了 64 封具有代表性的销售信函样本,随后采用随机抽样法,从中精选出 32 封进行深入的功能文体分析,以确保研究结果的全面性与代表性。表 3-1 中列出了 32 封信函的详细信息。

表 3-1　　　　32 封销售信函的详细信息

| 编号 | 商品 | 商品类型 | 小句数量(个) | 总词数(个) |
| --- | --- | --- | --- | --- |
| 1 | Concentration Plan | 服务 | 27 | 277 |
| 2 | TIME—a magazine | 产品 | 18 | 247 |
| 3 | "a real home in the suburbs" | 产品 | 21 | 177 |
| 4 | MIRACLEAR CLOTH | 产品 | 40 | 449 |
| 5 | Courses of Moline Business College | 服务 | 26 | 291 |
| 6 | SKITLE—a kind of food | 产品 | 18 | 206 |
| 7 | life insurance | 服务 | 22 | 168 |
| 8 | alfalfa seed | 产品 | 36 | 306 |
| 9 | Greenlawn DeLuxe Garden hose | 产品 | 27 | 315 |
| 10 | I. C. S. Courses | 服务 | 28 | 222 |
| 11 | "Your Will"—a booklet | 产品 | 18 | 245 |
| 12 | Augustine Office Communications System | 产品 | 35 | 321 |
| 13 | Service Department for cars | 服务 | 22 | 191 |
| 14 | Finance loan | 服务 | 16 | 195 |
| 15 | Review—Chronicle Want Ads | 产品 | 18 | 235 |
| 16 | Money—making ideas | 服务 | 24 | 318 |
| 17 | Insurance | 服务 | 21 | 226 |

续表

| 编号 | 商品 | 商品类型 | 小句数量（个） | 总词数（个） |
|---|---|---|---|---|
| 18 | Glasses | 产品 | 35 | 344 |
| 19 | Glasses | 产品 | 20 | 209 |
| 20 | How to plan and stage an entertainment | 服务 | 25 | 301 |
| 21 | Income Reserve Plan | 服务 | 16 | 231 |
| 22 | Gas Refrigerator | 产品 | 18 | 184 |
| 23 | Gas Refrigerator | 产品 | 15 | 116 |
| 24 | Life insurance | 服务 | 11 | 124 |
| 25 | Seafood | 产品 | 70 | 708 |
| 26 | cabin Hassenpfeffer and 5 acres of woodland | 产品 | 57 | 697 |
| 27 | *Tide*—a magazine | 产品 | 28 | 309 |
| 28 | Service of Gulf Station | 服务 | 25 | 324 |
| 29 | Kauffman's | 产品 | 18 | 196 |
| 30 | management services of the John C. Bower Company | 服务 | 28 | 423 |
| 31 | management services of the John C. Bower Company | 服务 | 21 | 215 |
| 32 | Justin's finest boots | 服务 | 24 | 324 |

需要说明的是，本书研究的核心聚焦于销售信函的主体内容，而诸如地址、签名等辅助性元素在特定分析情境下将不予详细考量。

## 三、数据分析的细致流程

首要步骤，正如之前所述，是在深入分析之前精心构建一套或多套特征层次结构，我们称之为"方案"（schemes），这些可能包括及物性结构方案、主位结构方案等，具体数量依据分析维度的广度而定。

英文销售信函的经典结构分为四大部分：吸引注意、激发兴趣与欲望、建立信任以及促进行动，每一环节均承载着独特的沟通使命。因此，对每封信函进行细致入微的拆解分析，能够揭示出那些在宏观视角下难以捕捉的微妙信息。

语篇首先被细分为子句或句子单元，随后依据导入的方案进行深度剖析，并将关键统计数据以图表形式直观呈现。若存在五个不同的方案，则每个部分均需独立导入并分析五次，考虑到每封信函由四部分组成，这意味着每封信函都将经历总计二十次分析。

在数据基础上，笔者进一步筛选并标记出具有统计学显著性的特征，随后通过表格形式整理这些特征及其对应的百分比，但这仅是初步成果。功能文体学强调文体特征的"动机性突出"，即这些特征的出现并非偶然，而是受到特定语境因素的驱动。因此，笔者的后续任务是将这些显著特征与具体的语境条件相联系，深入探究其背后的动机与影响机制。最终，通过综合分析，笔者提炼出关于英文销售信函文体特征的全面结论。

## 第二节 语篇层次分析

正如前文所述，语篇层面的分析将重点放在衔接手段上，目的是揭示哪些语言元素经常被用作语篇的衔接纽带，以及在英文销售信函中，哪种类型的衔接手段更为普遍。在分析框架中，笔者简要介绍了五种衔接手段：指称、替代、省略、连接和词汇衔接。这些不同的类别为描述和分析语篇的衔接性提供了实用方法。

### 一、五种衔接类型

在英语中，衔接手段主要分为五种类型：指称、替代、省略、连接和词汇衔接。指称是指通过参考其他事物来解释一个项目的含义。根据指称的内容，我们可以将其细分为三种主要类型：人称指称、指示指称和比较指称。人称指称是通过人称范畴来实现的，指示指称是通过接近程度的定位来实现的，而比较指称则是通过身份或相似性的间接指称。

与指称不同，替代是一种语法关系，它关注的是字面而非意义上的关系。因此，替代是根据其语法功能进行分类的。替代有以下几种类型：名词替代，如"one"、"ones"和"same"；动词替代，如"do"；分句替代，如"so"和"not"。

省略可以被视为"零替代"。简单地说，替代是用另一个项目替换一个项目，而省略则是省略一个项目。就像替代一样，省略也有三种类型：名词省略、动词省略和分句省略。

连接指的是将两个语篇元素结合成一个潜在的连贯复杂语义单元。作为一种衔接手段，连接与指称（语义关系）和替代（词汇语法关系）有很大不同。通常，连接指的是其将连续出现但未通过其他结构手段相关联的语言元素联系起来的功能。连接有四种类别：添加型、对比型、因果型和时间型。添加型连接表达添加的意思，如"and""and also""nor"等词；对比型连接表达对比的意思，如"yet""though""but"等词；因果型连接表达因果关系的意思，如"so""then""for"等词；时间型连接表达时间的意思，如"then""next""at once"等词。

词汇衔接主要包括两种类型：重述和搭配。对于重述，通常有四种情况，包括重复相同的词语、重复同义词或近义词、出现上义词和下义词，以及出现一般词汇和特定词汇；搭配指的是通过经常共同出现的词汇项目之间的联系来实现的衔接。

前文我们已经讨论了衔接手段的类型，即指称、替代和省略、连接和词汇衔接，并掌握了衔接手段的基本知识，可以将这些知识应用于英文销售信函的分析。在下文中，笔者将以一封销售信函为例，在语篇层面进行衔接的个案研究。

## 二、定性分析

首先，让我们来看看以下这封销售信函，作者试图吸引读者对他们产品"Concentration Plan"（集中计划，指的是一种库存管理策略，目的是提高库存周转率，减少积压）的注意。这封信函的目的是让潜在客户了解产品的优势，并激发他们采取行动。通过分析这封信函，我们可以观察到衔接手段在实际语篇中的应用情况。例如，我们可以看到作者如何使用指称来维持语篇的连贯性，如何通过替代和省略来避免重复，以及如何利用连接词来构建逻辑流畅的段落。此外，词汇衔接的使用也将在信函中得到体现，例如，通过重复关键词或使用同义词来强化信息。通过这种个案研究，我们可以更深入地理解衔接手段在英文销售信函中的具体应用和效果。

Dear _____,

You should be surprised, wouldn't you…

…if you walked into your store tomorrow morning, glanced at your shoe stock, and saw several fresh, green $5 bills hanging out from every box lid?

Money, as you know, has no value unless it is working. If you invest money in something that does not earn anything, it costs more money to leave it there. This is why a large group of our customers willingly go to a little extra time and effort to harness their shoe stocks with our Concentration Plan. This plan helps them drive those slow-moving shoes off the shelves. It spotlights every pair that should not be there.

In every carton of shoes on your shelves there is merchandise representing at least $35 per carton. It is your money that is invested. But, do you know definitely how many of those pairs have no right to remain on your shelves?

Our Stock Control System is a part of the Concentration Plan. Properly used, it will dig out all of those buried dollars that you can use to buy new shoes.

For what little time and effort you put into it, the Concentration Plan can earn big dividends for you next year. Install it in January, and it will be operating smoothly when you commence selling spring shoes. It costs nothing except your willingness to start it and keep it going.

Please read the attached Concentration Plan Agreement. Fill in the information on the second sheet and we will forward the necessary supplies and information. Thaw out those frozen dollars in your shoe stock. We will help you put them to work next year.

(***先生/女士：

您大概会大吃一惊，不是吗？

当您明天清晨步入店铺，目光扫过鞋类货架时，若发现每个鞋盒盖上都夹着一张崭新的五美元纸钞，会是怎样一番景象？您知道，资金若不能流转便毫无价值。将资金投入无收益的领域，实际上每天都在持续亏损。正因如此，众多客户选择运用我们的集中管理计划，通过些许额外投入即可盘活鞋类库存——这项方案能高效清理滞销鞋款，精准定位每双不应滞留货架的产品。

您货架上的每箱鞋品至少沉淀着35美元资金。这些可都是您真金白银的投资。但您是否清楚，究竟有多少双鞋已失去继续占据宝贵空间的价值？

我们的库存管控系统作为集中管理计划的核心模块，经专业运用可为您挖掘出所有沉睡资金，用于采购当季新品。只需投入极少量时间成本，该计划就能在来年为您创造可观收益。一月份启动系统，待春季鞋款上市时即可顺畅运转——只需您贯彻执行的决心，无需任何额外开支。

随附的集中管理协议请您详阅。填写第二页资料卡后，我们将即刻寄送全套物料与操作指南。让我们携手激活您鞋类库存中的冻结资金，助力来年资金高效流转。)

(样本语篇1)

在上述语篇中，主要使用了三种类型的衔接手段，衔接链如下所示。

**指称（主要是人称指称）：**

（1）You—you—you—your—your—you—you—your—your—you—your—

you—you—you—you—your—your—you（你—你—你—你的—你的—你—你—你的—你的—你—你的—你—你—你—你—你的—你的—你）

（2）a large group of our customers—their—them（我们的一大批客户—他们的—他们）

（3）our—our—We—We（我们的—我们的—我们—我们）

（4）every pair—those pairs（每对—那些对）

**词汇衔接（重述）：**

（5）Store—shoe stock—box lid—shoe stocks—those slow—moving shoes—shoes—shelves—shelves—shoes—shoes—shoe stock（鞋店—鞋类库存—盒盖—鞋类库存—那些滞销鞋—鞋—鞋架—鞋架—鞋—鞋—鞋类库存）

（6）every carton—per carton（每个纸箱—每纸箱）

**指称（人称、指示和比较）和词汇衔接（重述和搭配）的结合：**

（7）Money—value—it—invest—money—earn—More money—it—$35—money—those buried dollars—might big dividends—those frozen dollars（钱—价值—它—投资—钱—赚钱—更多钱—它—35美元—钱—那些埋藏的美元—可能的大笔股息—那些冻结的美元）

（8）Concentration Plan—This plan—Stock Control System—the Concentration Plan—the Concentration Plan—it—it—It—It—it—Concentration Plan Agreement（集中计划—这个计划—库存控制系统—集中计划—集中计划—它—它—它—它—它—集中计划协议）

**连接词：**

（9）and—But—And—when—and—and（和—但是—和—当—和—和）

在对该销售信函进行细致的分析后，我们发现语篇共包含9条衔接链，这些链涉及111个词汇，构成了语篇的连贯性，占据了全文的40%以上。衔接手段主要分为三大类：指称、词汇手段和连接词。

在指称方面，信件主要运用了人称指称，其中第一条衔接链——"你"链尤为突出，由19个词汇构成，约占衔接性词汇总数的17%。这里的"你"特指读者，即潜在的客户。它从语篇的起始至结束，如同一根主线,将内容紧密地串联起来。与其他指称链相比,"你"链的长度更为显著,这反映了作者对这一语言元素的特别偏好。这种策略有效地维持了读者的注意力,并增强了信件的凝聚力。

第二条衔接链聚焦于已经采纳该服务的客户,作为对比组,通过展示这样一组客户的例子,作者突出了服务的优势,以激发读者的兴趣。第三条衔接链——"卖家链"同样运用了人称指称,如"我们"和"我们的",强调了卖家在交易中的角色。尽管提及了这一角色,但其链的长度显然不及"你"链。通过这种对比,读者的角色得到了凸显。

词汇衔接在信中也频繁出现,重述是主要的词汇衔接手段。例如,第五条链主要围绕"鞋子"展开,因为作者试图推销的是一项集中计划,旨在帮助鞋店进行财务管理。重复使用"鞋子"及其相关词汇,无疑有助于向读者明确指出:讨论的内容与他们的业务紧密相关,值得关注。

衔接链列表显示,指称和词汇衔接常常结合使用,如第七条和第八条链所示。通常,作者先以全名提及一个项目,然后用指称手段进行回指。然而,如果两个语言项目相隔较远,则会采用词汇衔接手段。

以"金钱"和"集中计划"为主题的第七条和第八条衔接链,在增强信件凝聚力方面发挥了关键作用。在第七条链中,"money"(钱)这一关键词被多次重复,随后出现了其搭配词如"invest"(投资)、"earn"(赚钱)以及更具体的词汇如"$35"(35美元)、"dollars"(美元)、"dividends"(股息)等,这些词汇在句子之间建立了紧密的联系。鉴于商人最关心的是利润,选择"money"(钱)作为衔接链的关键词,有效地吸引了鞋店老板的注意。第八条链则聚焦于作者试图销售的产品——集中计划。作者通过重复目标服务的名称,加深了读者的印象。

信中还使用了连接词作为衔接工具,连接那些在结构上没有直接关联的语言元素。第九条衔接链"and—But—And—when—and—and"(和—但是—和—当—和—和)即为例证,其通过添加型、转折型和时间型连接词的交替使用,有效构建了分句间的逻辑关系。

综合分析表明,该销售信函有效地运用了人称指称、词汇连贯性(包括重述，主要通过重复使用相同词汇和更精确的词汇）以及连词等衔接技巧，从而形成了一篇结构严谨的语篇。

上述内容为对一封销售信函的分析总结。笔者后续将开展定量分析工作，通过统计数据来验证在单一信件中所识别的特征是否同样适用于英语销售信函的广泛特性，并致力于发现其他潜在的特征。

## 三、定量分析

在话语层面的定量分析中，笔者计算了每封英文销售信函中衔接手段的数量及其对应的百分比，这些衔接手段包括指称、替代、省略、词汇连贯和连接词，并在表3-2中呈现了统计数据。衔接手段的占比是根据每个语篇中排名句的总数来计算的。

表3-2　　　　　　　　衔接手段的占比

| 编号 | 指称 | | 替换＆省略 | | 词汇衔接 | | 连接词 | | 小句 | |
|---|---|---|---|---|---|---|---|---|---|---|
| | 数量（个） | 占比（%） | 数量（个） | 占比（%） | 数量（个） | 占比（%） | 数量（个） | 占比（%） | 数量（个） | 占比（%） |
| 1 | 35 | 130 | 0 | 0 | 30 | 111 | 6 | 22 | 27 | 100 |
| 2 | 26 | 145 | 0 | 0 | 22 | 122 | 10 | 56 | 18 | 100 |
| 3 | 22 | 116 | 0 | 0 | 13 | 68 | 7 | 37 | 19 | 100 |
| 4 | 53 | 133 | 1 | 3 | 23 | 58 | 16 | 40 | 40 | 100 |
| 5 | 29 | 112 | 0 | 0 | 9 | 35 | 9 | 35 | 26 | 100 |
| 6 | 13 | 76 | 4 | 24 | 6 | 35 | 5 | 29 | 17 | 100 |
| 7 | 29 | 138 | 0 | 0 | 17 | 81 | 9 | 43 | 21 | 100 |
| 8 | 41 | 121 | 1 | 3 | 20 | 59 | 13 | 38 | 34 | 100 |
| 9 | 37 | 137 | 0 | 0 | 21 | 78 | 5 | 19 | 27 | 100 |
| 10 | 31 | 111 | 0 | 0 | 17 | 61 | 11 | 39 | 28 | 100 |
| 11 | 27 | 150 | 0 | 0 | 22 | 122 | 6 | 33 | 18 | 100 |
| 12 | 24 | 71 | 1 | 3 | 18 | 53 | 6 | 18 | 34 | 100 |

续表

| 编号 | 指称 数量(个) | 指称 占比(%) | 替换&省略 数量(个) | 替换&省略 占比(%) | 词汇衔接 数量(个) | 词汇衔接 占比(%) | 连接词 数量(个) | 连接词 占比(%) | 小句 数量(个) | 小句 占比(%) |
|---|---|---|---|---|---|---|---|---|---|---|
| 13 | 30 | 136 | 1 | 5 | 11 | 50 | 7 | 32 | 22 | 100 |
| 14 | 21 | 131 | 0 | 0 | 10 | 63 | 5 | 32 | 16 | 100 |
| 15 | 11 | 69 | 0 | 0 | 22 | 138 | 0 | 0 | 16 | 100 |
| 16 | 24 | 104 | 1 | 4 | 28 | 122 | 7 | 30 | 23 | 100 |
| 17 | 31 | 148 | 2 | 10 | 20 | 95 | 6 | 29 | 21 | 100 |
| 18 | 48 | 137 | 1 | 3 | 15 | 43 | 12 | 34 | 35 | 100 |
| 19 | 24 | 120 | 1 | 5 | 8 | 40 | 9 | 45 | 20 | 100 |
| 20 | 47 | 188 | 0 | 0 | 14 | 56 | 9 | 36 | 25 | 100 |
| 21 | 21 | 131 | 0 | 0 | 8 | 50 | 7 | 44 | 16 | 100 |
| 22 | 16 | 89 | 1 | 6 | 13 | 73 | 4 | 22 | 18 | 100 |
| 23 | 10 | 71 | 0 | 0 | 4 | 29 | 1 | 7 | 14 | 100 |
| 24 | 18 | 180 | 1 | 10 | 6 | 60 | 3 | 30 | 10 | 100 |
| 25 | 97 | 139 | 2 | 3 | 31 | 44 | 16 | 23 | 70 | 100 |
| 26 | 53 | 93 | 4 | 7 | 30 | 57 | 7 | 12 | 57 | 100 |
| 27 | 38 | 136 | 0 | 0 | 16 | 57 | 9 | 32 | 28 | 100 |
| 28 | 24 | 104 | 1 | 4 | 12 | 52 | 6 | 26 | 23 | 100 |
| 29 | 18 | 105 | 0 | 0 | 6 | 35 | 9 | 53 | 17 | 100 |
| 30 | 23 | 82 | 1 | 4 | 16 | 57 | 5 | 18 | 28 | 100 |
| 31 | 43 | 204 | 0 | 0 | 19 | 90 | 11 | 52 | 21 | 100 |
| 32 | 29 | 126 | 3 | 13 | 14 | 61 | 6 | 26 | 23 | 100 |
| 均值 | 31 | 123 | 0.8 | 3 | 16 | 67 | 8 | 31 | 25 | 100 |

如表3-2所示，32个样本语篇至少采用了三种类型的衔接策略。在样本英语销售信函中，衔接策略的使用频率介于107%（样本语篇23）~346%（样本语篇31），这是因为许多小句中运用了两个或多个衔接手段，而且平均使用频率也相当高，达到224%，这表明平均每个小句至少包含

了两种衔接元素。根据布朗和尤尔（Brown and Yule，2000）的研究，书面语言与口头语言的一个主要区别在于书面语言中衔接纽带的使用更为频繁。在书面交流中，作者与读者之间不存在直接和实时的互动（如口头交流中所见）。作为交流者，作者在构建语篇时，必须考虑到读者这一缺席的交流对象，一旦写作完成，他便无法再对语篇产生影响。因此，作者会努力使语篇更加连贯、更易于理解，衔接手段便是作者常用的一种策略。

因此，销售信函中频繁使用衔接手段可以视为书面交流模式的一个特征。在五种主要的衔接手段中，指称是最常用的，其使用频率介于69%～204%。与其他衔接手段相比，指称的平均使用频率（123%）是唯一超过100%的。在三种指称类型中，人称指称的使用频率最高，尤其是"you"和"your"，它们通常指向潜在客户或与客户紧密相关的事物。在上一节中，我们已经观察到在研究的单个样本信件中人称指称高频率出现。通过更多样本信件的定量分析，我们发现了更多例证，例如：

1. you—your—you—your—You—your—you—I—me—Ms. Fleming—you—you—you—You—your—you—you—you—You—you—you—You—your—you—you—your—you—you—You—your—you（你—你的—你—你的—你的—你—我—我—Fleming 女士—你—你—你—你的—你—你—你—你—You—your—你—你的—你—你—你的—你—你—你—你的—你）

2. my—I—I—I—I—my—Bobby Warren—me—I—I—me—my—my—I（我的—我—我—我—我—我的—Bobby Warren—me—我—我—我—我的—我的—我）

（样本语篇20）

1. Mr. Prospect—you—you—our clients—themselves—they—their—I—you—yourself—you（Prospect 先生—你—你—我们的客户—他们自己—他们—我—你—你自己—你）

2. our—We—we—our—our—me（我们的—我们—我们—我们的—我们的—我）

（样本语篇24）

1. You—you—you—you—your—you—your—your—you—your—you—you—you—Yours（你—你—你—你—你的—你—你的—你的—你—你的—你—你—你—你的）

2. we—us—we—we—our—we—we—we—our—we—we—we—we—We—we—us—us—our（我们—我们—我们—我们—我们的—我们—我们—我们—我们的—我们—我们—我们—我们—我们—我们—我们的—我们的—我们的）

（样本语篇31）

频繁使用人称代词（如you，your，I，we，me，us，our等）在销售信函中不仅凸显了作者与读者在交流中的核心地位，还巧妙地融合了书面表达的正式与口头交流的亲切感。这种写作策略营造出一种亲密无间的对话氛围，使读者仿佛置身于与老友交谈的情境中，极大地提升了信息传递的亲和力和说服力，对于促进销售成效具有不可小觑的作用。

在深入剖析单一销售信函样本时，我们注意到替代与省略这两种衔接手段并未得到广泛应用。在本书后续的定量分析中，笔者将这两类手段合并统计，结果显示其出现频率极低，介于0～24%。具体而言，在研究的32封销售信函中，仅有半数（16封）采用了替代或省略手法，且即便在这些信函中，其应用比例也平均维持在较低的3%水平。这一发现表明，在英语销售信函的写作实践中，替代与省略并非主流选择。

相比之下，词汇衔接以其丰富的语义和语法网络成为更为常见的衔接手段，其使用范围广泛，占比从29%跃升至138%。在销售信函中，重述策略尤为受到青睐，它围绕着公司名称、产品或服务以及这些产品或服务所能带来的潜在利益进行反复强调。这种词汇的重复不仅加深了读者对目标产品或服务的印象，还增强了信息的记忆点，有助于促成购买决策。

此外，连词在销售信函中也扮演着举足轻重的角色，其使用比例介于0～56%，平均达到31%。几乎每一封销售信函都巧妙地运用了连词来构建逻辑清晰、易于理解的语篇结构。这些连词如"and""but""so""then"等，不仅使语篇更加流畅自然，还赋予了其口语化的特质，让读者在阅读时能够感受到一种轻松愉快的交流体验。

综上所述,通过对32封英语销售信函的深入分析与总结,我们提炼出了销售信函中作者常用的几种衔接链模式:"客户"链、"产品"链、"卖家"链和"对照组"链(见图3-1)。这些衔接链模式各有千秋,共同构成了销售信函中不可或缺的沟通桥梁,助力作者与读者之间建立起有效且深刻的连接。

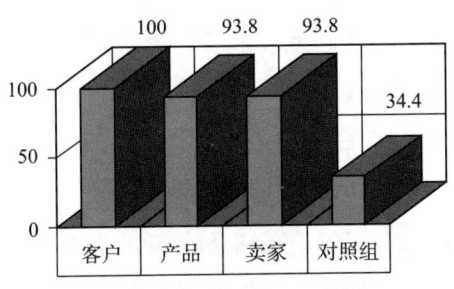

**图3-1　衔接链分布情况(单位:%)**

在撰写销售信函时,作者通常会使用"你"和"你的"等第二人称代词来建立与客户的联系。以样本语篇20为例,我们识别并整理出一条由32个单词构成的冗长"客户"链,如下所示:you—your—you—your—You—your—you—I—me—Ms. Fleming—you—you—you—You—your—you—you—you—You—you—you—You—your—you—you—your—you—you—You—your—you(你—你的—你—你的—你—你的—你—我—我—FLEMING女士—你—你—你—你—你的—你—你—你—你—你—你—你—你的—你—你的—你—你的—你—你—你—你的—你的—你)。观察这条链,我们可以发现其主要构成元素为"you"和"your"。实际上,这一现象在英语销售信函中极为普遍。本书研究的语料库中的所有样本信件均包含"客户"链,这似乎已成为销售信函中一个不可或缺的元素。

在销售信函中,"产品"链和"卖家"链的提及极为普遍,且在本书的语料库中,它们的出现频率完全相同。实际上,销售信函的核心目的在于推广其旨在销售的产品或服务。因此，在这类信件中构建产品链是合乎逻辑的。撰写销售信函的作者通常会使用产品的全称来指称产品或服务，这在"产品"链中表现为一种常见的重复现象。例如，在样本语篇 4 中，"the MIRACLEAR CLOTH—cloth—the MIRACLEAR CLOTH—MIRACLEAR CLOTH—MIRACLEAR CLOTH—a MIRACLEAR CLOTH—those five—five MIRACLEAR CLOTHS—the cloths" 的重复使用，以及样本语篇 27 中的 "Tide—it—Tide—Tide—a good magazine—it—It—it—Tide—it—it—Tide—it—Tide—Tide—Tide" 都清晰地展示了"产品链"中重复现象的普遍性。此外，"卖家"链如"I—us—we—our—we—us"（见样本语篇 19），也以高频率出现。尽管篇幅不长，但这种链几乎在语料库中的每一封销售信函中都有所体现。

在研究销售信函时，除了这三条主要的衔接链，笔者还注意到有 34.375% 的信件采用了对照组衔接链。这类衔接链通常用来阐述客户购买产品或服务后可能获得的好处，或者不购买可能面临的损失。它在促销策略中扮演着关键角色。经过对语料库的深入分析，笔者将这些比较组链细分为正面组和负面组，正面组旨在揭示潜在的利益，而负面组则着重于揭示潜在的损失。

例如，在样本语篇 16 中，"Clyde H. Melton of Texas—He—his—His—him—his—he—he—He—He—He—He" 这一连串的重复使用，构成了一个正面案例，它描述了一个人因为购买了卖方的服务而取得成功的经历；而在样本语篇 18 中，一系列关于"她"（Her—she—one of the social leaders—She—her—this lady—she—She—her—she—her—she—she—She—her—her—she—her—she—her—her）的描述构成了一个负面对照组衔接链的例子，这个例子讲述了一位女士因为担心眼镜影响外观而选择不佩戴眼镜，结果不得不放弃刺绣和阅读等爱好，然而，最终她发现，佩戴卖方推荐的眼镜不仅没有损害她的美丽，反而提升了她的外观。

通过这些实例，我们可以观察到对照组衔接链在销售信函中的实际运用以及其对消费者决策过程的潜在作用。

此外，还有一种衔接链，虽然在统计上并不显著，却同样值得我们关注。这组链包括样本语篇1、11、16中的"金钱"链（如 Money—value—it—invest—money—earn—More money—it—＄35—money—those buried dollars—big dividends—those frozen dollars），样本语篇8中的"低价种子"链（cheaper alfalfa seed—cheap seed—it—it—a sorry lot of seed），样本语篇15中的"结果"链（RESULTS—RESULTS—results—RESULTS—excellent results—results—RESULT），样本语篇18中的"美丽"链（Beauty—beautiful—physical charm—every style of beauty—your beauty—a different type of beauty），样本语篇19中的"眼睛"链（efficiency—your efficiency—your efficiency）和"效率"链（strained or tired eyes—your eyes—your eyes），样本语篇22中的"安静"链（QUIET ZONE—quiet—silence—Quiet Zone—silent），以及样本语篇31中的"BIG"链（make it BIG—BIG way—BIG paper—BIG benefits—BIG emphasis—BIG point—BIG desire—BIG satisfaction—BIG ideas—BIG—BIG invitation—BIG word—BIG）。似乎很难找到一个全面的术语来涵盖这组链。然而，通过每封销售信函的特定语境，我们可以发现这些提到的衔接链都与和读者密切相关的事物有关，如金钱、美丽或效率，它们构成了另一种形式的衔接链——利益链。

综上所述，在英文销售信函中，指称、词汇衔接以及连接词的频繁运用是实现语篇连贯性的关键手段，而替代和省略的使用则相对较少。除了衔接手段的使用频率之外，定量分析揭示了更多细节。首先，销售信函中衔接手段的高频率使用表明这些语篇本质上属于书面语体；其次，对特定衔接手段的深入分析揭示了更多细节：销售信函大量运用了人称代词和连接词，这为语篇注入了口语化的元素，使得销售信函更像是一场朋友间的对话；最后，在所有或大多数销售信函中，"客户"链、"产品"链、"卖家"链和"对照组"链的出现，也在一定程度上构成了英语销售信函中连贯性的固定模式。这些模式不仅增强了文本的内在逻辑，也帮助读者更加顺畅地理解和接受信息，从而提升了销售信函的整体效果。

## 第三节　语法层次分析

在语法分析的层面上,笔者将探讨及物性、语气以及主位结构。这三个系统分别承载着概念意义、人际意义和语篇意义。在语法的层面上,这些意义最终通过一个简单句来实现。尽管笔者分别进行分析,但这些系统实际上是协同运作的。笔者之所以从三个不同的角度进行单独分析,是为了更清晰地揭示销售信函的构建过程,并非意在将系统网络的协同作用割裂开来。首先,让我们聚焦于及物性结构的分析。

### 一、及物系统

#### (一) 及物过程

及物系统 (transitivity system) 将经验构建为一系列可管理的过程类型集合:物质过程、心理过程、行为过程、言语过程、关系过程和存在过程。

根据韩礼德的观点,物质过程是"做"的过程,它们表达的是某个实体"做"了某事——这件事可能是"对"另一个实体做的。物质过程的基本含义是某个实体进行了某项活动或动作。参与这一过程的参与者被称为动作者 (actor) 和目标/受事 (goal/patient)。进行某项活动的实体被称为动作者;如果存在另一个参与者,则被称为目标或受事。例如,在句子"Billy broke a cup"中,"Billy"对杯子做了某事,因此他是动作者,而"a cup"是受事。

除了"做"的过程外,物质过程还包括仅涉及一个参与者(即动作者)的事件。

例如:The butterfly　　flied away.
　　　　动作者　　　　物质过程

与物质过程不同,心理过程表达的是内心世界发生的事情,即感知过程,如感觉、思考和感知。通常,心理过程涉及两个参与者:感知者(senser)和现象(phenomenon)。在这里,感知者是指有感觉、思考或感知能力的意识体,它必须是人类或被拟人化的非人类。现象可能是一个事物或一个事实,被感知者所感觉、思考或感知。

例如:My aunt　liked　　　　the teapot.
　　　感知者　心理过程　现象

心理过程有三个子类:情感(喜欢、感觉等过程)、认知(思考、理解和知道等过程)和感知(感觉、听觉等过程)。

除了"做"的过程和"感知"的过程外,还有第三种过程类型,即"存在"的过程,这类过程被称为关系过程。顾名思义,这里的"存在"不是指存在的意义,而是指两部分之间的"存在"关系:"某物被说成是另一物"(韩礼德,2000)。关系过程一般类别下主要有三种类型:(1)内包式:"x 是 a";(2)环境式:"x 在 a"(其中,"在"代表"在、位于、处于、为了、与、关于、沿着"等);(3)所有式:"x 有 a"。这些类型中的每一种都有两种截然不同的模式:(1)归属:"a 是 x 的属性";(2)识别:"a 是 x 的身份"。这构成了六种关系过程类别,如表 3-3 所示。

表 3-3　　　　　　　　　　　关系过程类别

| 类别 | (1)归属 | (2)识别 |
| --- | --- | --- |
| (1)内包式 | Tony is lazy. | Mary is his sister; His sister is Mary. |
| (2)环境式 | The book is on the table. | Today is the 12th; The 12th is today. |
| (3)所有式 | Mark has a book. | The book is Mark's; Mark's is the book. |

上述段落描述的是及物性系统中的三个主要过程,以及位于这些主要过程边界上的附属过程类型。韩礼德将这些附属过程类型分别标记为以下三种。

(1)行为过程(behavioral processes):介于物质过程和心理过程之间,涉及(通常是)生理和心理行为,如呼吸、咳嗽、微笑、做梦和凝视等。行为过程通常只有一个参与者，即行为者（behaver）。换句话说，行为过程最典型的模式是仅由行为者和过程组成的子句，如"He is listening"。

（2）言语过程（verbal processes）：涉及说的过程，典型的动词包括说、告诉、谈话、赞扬、吹嘘、描述等。我们称说话的参与者为说话者（sayer），但这里的"说"应作广义理解，涵盖任何形式的符号意义交换，即说话者不一定是人，也可以是发出信号的任何事物，如在"My watch says it's eight o'clock"中，说话者是一个非生物体"我的手表"。

（3）存在过程（existential processes）：表示某物存在或发生。这类过程通常包含如 be、exist、remain、take place、happen 等动词。被说成是存在的事物或事件被称为存在物（existent），在"There is/are…"的句型中，"there"没有表意功能，但它是作为主语必需的。

上述是对及物性系统的简要介绍，该系统涵盖了六个过程：物质过程、心理过程、关系过程、行为过程、言语过程和存在过程。在掌握了及物性结构的基本知识后，我们将这些知识应用于英语销售信函的分析中。在下一节中，我将以一封销售信函为例，从语法层面对及物性进行案例研究。

## （二）定性分析

以下是一封来自莫林商学院（Moline Business College）的销售信函，该信函旨在吸引更多高中毕业生选择莫林商学院就读。根据前文中的分类，该信函内容属于服务类别。

*Letter from Moline Business College*,
*Signed by A. S. Due*，*Manager*

Dear Student，

　　Would you like to receive a nice salary check every week, soon after finishing high school; and to know that the future help for you opportunities for outstanding success?

　　If you are like most high school seniors, you have this picture in the back of your mind, but you are wondering WHEN and HOW you will be able to fulfill it.

There IS a way by which you can protect yourself against the uncertainties and idleness which face most young people; and assure yourself of pleasant and profitable employment…

And—best of all—it is a way which does NOT require from four to seven years of study, or a college investment of several thousand dollars. It builds towards life's greatest goal—financial independence—without demanding that you postpone your earning period for a long interval. You can enjoy a good income, make your parents proud of you, have money to spend in your younger years, and advance to substantial success—while other high school graduates are still going to college, waiting for "something to turn up," or are side-tracked in "blind alley" jobs.

There is nothing theoretical about this plan. It has worked for other high school graduates year after year—even during the darkest days of recession.

Today it provides one of the safest and surest methods by which high school graduates can win early success that it is possible to conceive.

Would you like to know more about it?

The enclosed card will bring you complete information, entirely without obligation. It requires no postage. It is ready to mail as soon as you fill in your name and address.

(来自莫林商业学院的信函

经理 A. S. Due 签署

亲爱的学员：

您是否希望在高中毕业后不久就能拥有稳定的周薪，并拥抱未来成就非凡的机遇？

若您与多数高中毕业生一样心怀此愿,却不知该何时以何种方式实现。

有一种方法能让您避开大部分同龄人面临的不确定与虚度光阴,并且确保自己能够获得愉快且有利可图的工作……

更重要的是——这无需耗费四到七年的时间学习,也无需投入数千美元的大学费用。此路直通人生终极目标——财务自由——且无需延迟您的创收期。当其他毕业生仍在上大学、空等机遇或在职业泥潭迷失方向时,您已能享受优渥收入、赢得父母骄傲、在年轻时就有资金以供花销,并迈向实质性的成功。

这一计划绝非纸上谈兵。多年来,它已为无数高中生带来了成功——即使在经济衰退最黑暗的日子里也是如此。

今天,它提供了一种可以让高中毕业生实现早期成功的方法,这是可以想象的最安全、最可靠的方法之一。

您是否想了解更多关于它的信息?

请填写随函卡片上的姓名与地址并寄回,邮资已付,绝无强制承诺,我们将即刻奉上完整资料。)

(样本语篇5)

正如前文所述,人们普遍认为促销信通常包含四个部分:引起注意、激发兴趣/购买欲、建立信心、促使行动。换句话说,一封销售信函通常会首先吸引潜在客户的注意力,激发他们的兴趣和欲望,提供说服力,并最终促使他们采取购买行动。因此,笔者按照上述方式将上述示例信函分为四个部分(用双行空格标记分隔),以下分析将基于这一划分。该样本语篇的及物性结构分析结果如表3-4所示。

表3-4　　　　　四个部分中过程类型的分布情况

| 部分 | 物质过程 | | 心理过程 | | 关系过程 | | 存在过程 | |
|---|---|---|---|---|---|---|---|---|
| | 数量(个) | 占比(%) | 数量(个) | 占比(%) | 数量(个) | 占比(%) | 数量(个) | 占比(%) |
| 引起注意 | 0 | 0 | 2 | 8 | 0 | 0 | 0 | 0 |

续表

| 部分 | 物质过程 | | 心理过程 | | 关系过程 | | 存在过程 | |
|---|---|---|---|---|---|---|---|---|
| | 数量（个） | 占比（%） | 数量（个） | 占比（%） | 数量（个） | 占比（%） | 数量（个） | 占比（%） |
| 激发兴趣/购买欲 | 1 | 4 | 1 | 4 | 2 | 8 | 1 | 4 |
| 建立信心 | 9 | 35 | 1 | 4 | 3 | 12 | | |
| 促使行动 | 3 | 12 | 1 | 4 | 1 | 4 | 0 | 0 |
| **总体数量** | **13** | **50** | **5** | **20** | **6** | **24** | **2** | **8** |

在该样本语篇中，总共有26个小句。在这26个小句中，发现了四种类型的过程：物质过程、心理过程、关系过程和存在过程。

最常用的过程是物质过程，占比50%。根据韩礼德（2000）的观点，物质过程是"做"的过程，它们表达某个实体"做"某事的概念——这可以是对其他实体的"做"。50%的占比彰显了物质过程在英语销售信函中的主导地位，表明这封信可能涉及"做"和"发生"。

进一步分析不同部分的数据我们能获得更多信息。13个物质过程中有9个出现在"建立信心"部分，该部分主要谈论产品或服务可能给潜在客户带来什么好处或变化。为了实现这一功能，作者使用了大量物质过程来描述如果读者选择就读于莫林商学院，能收获哪些益处，如（1）you can *enjoy* a good income（你可以享有良好的收入），（2）*make* your parents proud of you（让你的父母为你感到骄傲），…（3）and *advance* to substantial success（并取得巨大成功）以及对没有选择这所学院的其他高中毕业生生活状况的描述，如（1）other high school graduates are still *going* to college（其他高中毕业生仍在上大学），（2）*waiting for* "something to turn up,"（等待"时来运转"）。

此外，从表3-4中我们可以看到，在"促使行动"部分只有5个小句。值得注意的是：其中3个（即60%的句子）属于同一种过程——物质过程。这一高比例的出现并非偶然，而是具有其内在的逻辑合理性。具体而言，在该部分中，作者的主要目标在于激励读者（即潜在的消费群体）采取实际行动，促使他们进行购买行为。因此，物质过程在此情境下被频繁采用，无疑是出于其能够有效触发行动响应与购买决策的考量。

在这封销售信函中占比排名第二的是关系过程，占比24%。在关系句中，某物被说成是另一物，这意味着在两个独立的实体之间建立了某种关系（韩礼德，2000）。例如，在句子"If you are like most high school seniors"（如果你像大多数高中毕业生一样）中，关系过程用于在"你"和"大多数高中毕业生"之间建立某种关系，后者作为一个对照组。

从表3-4中，我们可以看出，50%的关系过程出现在"建立信心"部分，此类过程不仅促进了信息间的无缝衔接，还巧妙地将读者的注意力导向特定论点，从而强化了学院选择的吸引力与合理性。

占比排名第三的是心理过程，占比20%。心理过程是感知过程，如感觉、思考和感知。它描述了人们内心世界正在发生的事情。在这封信中，心理过程贯穿于四大板块，尤为值得注意的是，在吸引注意力的开篇阶段，作者巧妙运用了心理过程，通过设问形式（Would you like to receive a nice salary check every week, soon after finishing high school; and to know that the future help for you opportunities for outstanding success?／您是否希望在高中毕业后不久就能拥有稳定的周薪，并拥抱未来成就非凡的机遇?）直接触及读者内心，激发其情感共鸣与好奇心，进而牢牢锁定其注意力。

占比排名第四的是存在过程，占比8%。这种类型的过程表示某物存在或发生。这种过程的典型句型是"there be…"。尽管此类过程在信中出现频率不高，却以其独特的存在强调了特定信息的直接性与不容置疑性，如（1）There IS a way by which you can protect yourself against the uncertainties and idleness（有一种方法可以使你保护自己免受不确定性和虚度光阴的困扰），（2）There is nothing theoretical about this plan.（这一计划绝非纸上谈兵），这些表述虽简短却掷地有声，为整体论证增添了坚实基础。

综上所述，样本销售信函中物质过程、心理过程、关系过程及存在过程的巧妙融合，共同编织了一幅逻辑清晰、情感充沛的劝服图景。其中，物质过程以其行动导向性高居榜首，而关系过程与心理过程则分别在逻辑构建与情感动员上展现了非凡的效能，存在过程则以其独特的存在性宣告，为论证提供了不可或缺的支持。这一分析结果不仅揭示了英语销售信函中过程类型的分布特征，更为我们深入理解及物性系统在语篇功能实现中的关键作用提供了宝贵的洞见。基于此，后续的定量分析将进一步挖掘及物性系统的深层次特征，以期揭示英语销售信函中更多的代表性模式与策略。

### （三）定量分析

在深入探究英语销售信函的语言特征时，笔者采用了定量分析方法，计算了每封信函中六大过程（即物质过程、心理过程、关系过程、行为过程、言语过程及存在过程）的占比，并将这些数据以百分比形式清晰地呈现在表3-5中。此举旨在通过量化手段，直观展示不同过程在销售信函中的分布模式与频率特征。

表3-5 六种过程的分布情况

| 编号 | 物质过程（%） | 心理过程（%） | 关系过程（%） | 言语过程（%） | 行为过程（%） | 存在过程（%） | 小句数量（个） | 小句占比（%） |
|---|---|---|---|---|---|---|---|---|
| 1 | 66 | 7 | 22 | 0 | 0 | 4 | 27 | 100 |
| 2 | 50 | 28 | 22 | 0 | 0 | 0 | 18 | 100 |
| 3 | 37 | 26 | 26 | 0 | 0 | 10 | 19 | 100 |
| 4 | 49 | 24 | 27 | 0 | 0 | 0 | 37 | 100 |
| 5 | 50 | 19 | 23 | 0 | 0 | 2 | 26 | 100 |
| 6 | 47 | 12 | 35 | 0 | 0 | 6 | 17 | 100 |
| 7 | 52 | 10 | 33 | 0 | 0 | 5 | 21 | 100 |
| 8 | 41 | 26 | 32 | 0 | 0 | 0 | 34 | 100 |
| 9 | 81 | 3 | 15 | 0 | 0 | 0 | 27 | 100 |
| 10 | 64 | 4 | 32 | 0 | 0 | 0 | 28 | 100 |
| 11 | 78 | 6 | 11 | 0 | 0 | 6 | 18 | 100 |
| 12 | 74 | 9 | 18 | 0 | 0 | 0 | 34 | 100 |
| 13 | 41 | 18 | 36 | 0 | 0 | 5 | 22 | 100 |

续表

| 编号 | 物质过程（%） | 心理过程（%） | 关系过程（%） | 言语过程（%） | 行为过程（%） | 存在过程（%） | 小句 数量（个） | 占比（%） |
|---|---|---|---|---|---|---|---|---|
| 14 | 50 | 6 | 38 | 0 | 0 | 0 | 16 | 100 |
| 15 | 56 | 6 | 33 | 0 | 0 | 6 | 18 | 100 |
| 16 | 61 | 9 | 22 | 0 | 0 | 4 | 23 | 100 |
| 17 | 62 | 10 | 29 | 0 | 0 | 0 | 21 | 100 |
| 18 | 51 | 17 | 29 | 0 | 0 | 3 | 35 | 100 |
| 19 | 65 | 10 | 20 | 0 | 0 | 5 | 20 | 100 |
| 20 | 49 | 8 | 33 | 0 | 0 | 0 | 25 | 100 |
| 21 | 56 | 0 | 38 | 0 | 0 | 6 | 16 | 100 |
| 22 | 78 | 6 | 11 | 0 | 0 | 6 | 18 | 100 |
| 23 | 57 | 29 | 7 | 0 | 0 | 0 | 14 | 100 |
| 24 | 78 | 11 | 0 | 0 | 0 | 11 | 9 | 100 |
| 25 | 61 | 13 | 24 | 0 | 0 | 2 | 70 | 100 |
| 26 | 57 | 9 | 32 | 0 | 0 | 2 | 57 | 100 |
| 27 | 50 | 18 | 29 | 4 | 0 | 0 | 28 | 100 |
| 28 | 74 | 4 | 17 | 4 | 0 | 0 | 23 | 100 |
| 29 | 53 | 12 | 29 | 0 | 0 | 6 | 17 | 100 |
| 30 | 46 | 11 | 36 | 0 | 4 | 4 | 28 | 100 |
| 31 | 71 | 14 | 14 | 0 | 0 | 0 | 21 | 100 |
| 32 | 55 | 5 | 23 | 14 | 0 | 5 | 22 | 100 |

为了获得更为宏观的视角，笔者还汇总了语料库中所有销售信函所涉及的六大过程的总数，并据此计算出了各自所占的百分比，汇总结果见表3-6。此表不仅揭示了各类过程在整体语料库中的普遍重要性，也为后续的比较分析提供了坚实的数据基础。通过对比表3-5与表3-6的数据，我们可以更加深入地理解不同销售信函在过程使用上的共性与差异，进而探讨这些差异如何影响销售信函的说服效果与读者接受度。

表 3-6　　　　　　　　　过程类型的分布情况

| 类型 | 数量（个） | 占比（%） |
|---|---|---|
| 物质过程 | 467 | 57.73 |
| 心理过程 | 100 | 12.36 |
| 关系过程 | 209 | 25.83 |
| 言语过程 | 11 | 1.36 |
| 行为过程 | 1 | 0.12 |
| 存在过程 | 21 | 2.60 |
| **总体数量** | **809** | **100.00** |

如表 3-6 所示，定量分析的结果与上一节中的案例研究结果颇为相似。若我们根据各过程出现的频率进行排序，则顺序为：物质过程、关系过程、心理过程、存在过程、言语过程和行为过程，这与样本信函的情况相吻合。

在英语销售信函中，物质过程的使用最为频繁，其占比（57.73%）甚至高于其他所有过程类型的总和。在所分析的 32 封英语销售信函中，物质过程的占比范围从 37% 到 78% 不等。由于物质过程与行为或事件的发生紧密相关，它主要用于表明某个实体正在执行某项动作或活动，样本信函中物质过程高频率出现，表明所有销售信函主要关注外部世界中的行为和事件，以及执行这些行为和事件的参与者。具体而言，英语销售信函中的物质过程通常用于描述在卖家产品或服务存在的世界中正在发生的事情，或者在没有这些产品或服务的情况下，一个人会发生什么。例如：(1) For what little time and effort you *put* into it, the Concentration Plan can *earn* might big dividends for you next year. (只需投入一点点时间和努力，专注计划就能让你在明年获得可观的回报。)（样本语篇 1）；(2) In a third case, a childless man worth $50,000 *neglected* to make a will, and consequently, his wife *received* but half his estate, the other half going to his brother. (在第三个案例中，一位身价 5 万美元的无子嗣男子没有立遗嘱，结果他的妻子只得到了他一半的财产，另一半则归他的兄弟所有。)（样本语篇 11）

关系过程占比仅次于物质过程，占比为 25.83%，在语料库中 32 封英语销售信函中的占比范围从0%到38%不等。仅有一封销售信函没有使用关系过程。作为一种存在过程,关系过程用于在两个实体之间建立某种关系。在英语销售信函中,它主要用于描述目标产品或服务的某些属性,如:

(1) it is so easy to group them(将其分组是如此容易)(样本语篇14);

(2) It is cleaned, mighty carefully cleaned…And it is absolutely free of noxious weeds.(它被仔细清洗过……而且绝对没有有害的杂草。)(样本语篇8);

(3) The chilling action is continuous—and silent.(冷却作用是持续且无声的。)(样本语篇22)

占比排名第三的是心理过程,占比为12.36%。心理过程主要涉及感觉、思考和感知,与其他两个主要过程相比,其占比相对较低,笔者认为,销售信函的撰写者试图客观地介绍目标产品或服务,而没有过于情绪化地吹嘘产品,这有助于减少读者对销售信函的一般性抵触和不信任。

从表3-6中可以发现,其他三种过程类型占总过程的比例不超过5%,表明它们在英语销售信函中的地位较为次要,这些过程在销售信函中很少使用。

接下来,笔者将进一步探讨销售信函四个部分(引起注意、激发兴趣/购买欲、建立信心、促使行动)中的及物性分布。表3-7展示了三种主要过程类型的及物性分布。由于言语过程、存在过程和行为过程在英语销售信函中并不常用,因此笔者不再进一步分析它们在四个部分中的分布。

表3-7　　　　　　各部分过程类型的分布频率

| 分类 | 物质过程 | | 心理过程 | | 关系过程 | |
| --- | --- | --- | --- | --- | --- | --- |
| | 数量(个) | 占比(%) | 数量(个) | 占比(%) | 数量(个) | 占比(%) |
| 引起注意 | 65 | 13.92 | 21 | 21.00 | 34 | 16.27 |
| 激发兴趣/购买欲 | 108 | 23.13 | 29 | 29.00 | 57 | 27.27 |
| 建立信心 | 189 | 40.47 | 32 | 32.00 | 89 | 42.58 |
| 促使行动 | 105 | 22.48 | 18 | 18.00 | 29 | 13.88 |
| **总体数量** | **467** | **100** | **100** | **100** | **209** | **100** |

由表3-7可见，笔者所分析的英语销售信函样本语篇共计使用467个物质过程、100个心理过程和209个关系过程，其及物性系统在各部分的分布比例呈现三方面特征。

首先，"建立信心"部分集中了三种过程的最高使用比例（物质过程40.47%、心理过程32.00%、关系过程42.58%）。这与该部分的核心功能密切关联：通过构建使用场景（物质过程）、用户感知（心理过程）和产品属性（关系过程）的三维话语空间，系统塑造产品的购买价值。

其次，"建立信心"部分中的关系过程占比相对较高。从表3-7中可以看到，在总体分析中，物质过程的使用远多于关系过程。然而，在"建立信心"部分，关系过程的占比却更高，这也是由该部分的主要任务所驱动的。毕竟，客户最关心的是产品或服务本身。只有充分描述产品或服务的属性和优势，才有可能说服潜在客户购买。

最后，虽然在总体分析中，心理过程的占比相当低，但在"引起注意"部分和"激发兴趣/购买欲"部分占比却较高。如前所述，心理过程的低占比有助于降低读者对销售信函的普遍抵触情绪。然而，适当使用心理过程是与潜在客户建立和谐友好关系的有效手段。在"引起注意"部分和"激发兴趣/购买欲"部分，心理过程的占比更高，这表明销售信撰写者倾向于利用这一过程来吸引读者的注意力，并激发他们对目标产品或服务的兴趣。这种策略性分布（特定部分高频，整体低频）形成了动态平衡：前期通过"您是否注意到……"（心理过程）建立情感联结，后期则转向客观陈述以避免过度主观化。这种先共情后论证的修辞策略，有效化解了消费者对推销话语的天然抵触。

综上所述，物质过程、心理过程和关系过程是英文销售信函的主要过程，总体以物质过程为主导，关系过程次之，心理过程最少（12.89%）。微观分析则揭示了三个深层特征：三种及物性过程在建立信心部分的集中化分布、关系过程的局部强化现象，以及心理过程的策略性梯度分布。这些发现为商务英语销售信函的修辞策略选择提供了量化依据。

## 二、语气

### （一）语气类型

在信息和商品/服务交换中，"陈述""疑问""提议""命令"是四种主要的言语功能。韩礼德（2000）认为，言语功能的语义选择与通常选择的语法结构之间存在相关性。换句话说，通过分析语气类型，我们可以发现说话者打算实现哪种言语功能，以及他或她扮演了哪种言语角色。埃金斯（Eggins，1994）给出了两者相关性的详细列表，如表3-8所示。在本节中，笔者将分析陈述句、是非疑问句、特殊疑问句、感叹句和祈使句在英语销售信函中的频率。

表3-8　　　　　　　　　语气的基本言语功能

| 基本言语功能 | 语气类型 |
| --- | --- |
| 陈述 | 陈述语气 |
| 疑问 | 疑问语气 |
| 命令 | 祈使语气 |
| 提议 | 经过调整的疑问语气 |

除了语气类型，这部分另一个值得探讨的要点是主语。汤普森（1996）指出，主语是说话者意图让其对句中命题的有效性负责的实体。听众可以通过重复、修改限定词等方式来确认、拒绝、询问或限定这一有效性，但主语本身必须保持恒定。从人际功能的视角来看，句子是围绕主语展开的。基于这一背景，本节将深入探讨英语销售信函中可能采用的主语选择。

### （二）定性分析

以下是一封来自国际函授学校的销售信。笔者将它像上节中所做的那样分成四个部分，并用双行空格标记分隔。

THIS…IS…FIGHTING…TALK

If you are a quitter you won't read this letter. But—

If you are not—if you have the courage to face facts—you want to know who is responsible for your not getting ahead faster.

Do you accept the challenge? All right—

It's YOU!

The person who won't be licked can't be licked.

The world is filled with people who wish something would happen. But it takes people of determination and purpose to make things happen.

Maybe you are making things happen for yourself and for your family. A lot of people like you, then, are making them happen faster by acquiring more practical training through International Correspondence Schools Courses.

If things are not happening, and if you are a fighter, you will do something about it!

You'll get the special training that fits you for advancement, and you'll go to a higher job and better pay.

In your spare time, right at home, you can get the training you need. Through I. C. S. Courses thousands of other people have lifted themselves out of the rut into well-paid, responsible positions.

They're no better people than you. They had ambition and they seized opportunity.

Here's opportunity for you. Mark and mail the enclosed card. It will bring you news that can change the course of your whole life. Do it today.

(这……是……一封挑战信

如果你是个容易退缩的人,那么这封信你或许读不到最后。然而——

若你并非如此——若你敢于直面现实——你定会想知道,为何自己无法更快取得进步,这究竟是谁的过错。

你准备好迎接挑战了吗?那么——

答案便是你自己!

一个永不言败的人,是任何人都无法打败的。

这世上,有很多人都在期盼着某些事情能够发生。然而,只有那些有决心、有目标的人,才能让事情真正发生。

或许,你正在为自己的未来、为家人的幸福而努力奋斗。那么,很多与你一样的人,正在通过国际函授学校的课程,获取更多实用的训练,以更快地实现自己的目标。

如果事情并未如你所愿般发展,而你又是一个敢于挑战的人,那你定会采取行动!

你会获得适合你晋升的专项培训,进而迈向更高的职位,收获更丰厚的薪资。

在闲暇之余,足不出户,你便能获得所需的培训。通过国际函授学校的课程,成千上万的人已经摆脱困境,步入了高薪、有担当的岗位。

他们并不比你更出色。他们只是有野心,并且抓住了机遇。

现在,机遇就在你眼前。填写并寄出随信附上的卡片吧。它会为你带来足以改变整个人生轨迹的消息。别再犹豫,即刻行动!)

(样本语篇10)

表3-9向我们展示了样本语篇中语气类型的占比和分布。总共有20个句子,其中,16个是陈述句,1个是非疑问句,1个感叹句和2个祈使句。这封信中没有发现疑问词疑问句。

表 3-9　　　　　　　语气类型在四个部分的分布情况

| 分类 | 陈述 | | 是非疑问 | | 特殊疑问 | | 感叹 | | 祈使 | |
|---|---|---|---|---|---|---|---|---|---|---|
| | 数量(个) | 占比(%) | 数量(个) | 占比(%) | 数量(个) | 占比(%) | 数量(个) | 占比(%) | 数量(个) | 占比(%) |
| 引起注意 | 1 | 5 | 0 | 0 | 0 | 0 | 0 | 0 | 0 | 0 |
| 激发兴趣/购买欲 | 2 | 10 | 1 | 5 | 0 | 0 | 1 | 5 | 0 | 0 |
| 建立信心 | 11 | 55 | 0 | 0 | 0 | 0 | 0 | 0 | 0 | 0 |
| 促使行动 | 2 | 10 | 0 | 0 | 0 | 0 | 0 | 0 | 2 | 10 |
| 总数 | 16 | 80 | 1 | 5 | 0 | 0 | 1 | 5 | 2 | 10 |

在样本语篇 10 中占比排名第一的是陈述句，占比达到了 80%，显示出陈述句在样本语篇中的主导地位。陈述句通常用于提供信息，这封信中陈述句的高比例表明，作者的意图是提供有关他们课程的信息。例如：（1） You'll get the special training that fits you for advancement, and you'll go to a higher job and better pay.（你会得到适合你提升的特殊培训，你将获得更高职位和更好的报酬。）（2） Through I. C. S. Courses thousands of other people have lifted themselves out of the rut into well-paid, responsible positions.（通过 I. C. S. 课程，成千上万的人已经从困境中提升自己，获得了高薪、责任重大的职位。）用于提供关于 I. C. S. 课程的信息，如其特点、好处等。值得注意的是，16 个陈述句中有 11 个位于"建立信心"部分，这显示了陈述句在说服潜在客户进行购买时的重要作用。

该样本语篇中有 1 个是非疑问句，占比 5%。疑问句通常用于要求信息，然而，这里的疑问句并未起到该作用。实际上，作者自己就是信息提供者，他并不期待读者的回答。相反，通过问 "Do you accept the challenge?"（你接受这个挑战吗？）意味着作者创造了一种对话式的氛围，让双方像朋友一样交谈，这有助于缩短作者和潜在客户之间的心理距离。这个疑问句出现在"激发兴趣/购买欲"部分，使用这样的句子能够使读者不自觉地参与到谈话中，从而对卖方的教育服务产生兴趣。

这封信中还有 1 个感叹句，占比 5%。实际上，这个感叹句并不典型，笔者之所以将这个句子归类为感叹句，是因为它使用了感叹号。感叹句通常表达强烈的情感，在这里，句子"It's YOU!"（是你！）坚定地表达了作者对当前问题的态度，并激发了读者继续阅读的兴趣。

该样本语篇中使用了 2 个祈使句，占比 10%。祈使句通常用于实现命令的言语功能，而且它通常用于彼此熟悉的参与者之间。尽管作者和读者可能彼此不认识，但适当使用祈使句有助于创造一种朋友般的氛围，在这种氛围中，他们不仅仅是买卖关系，而是朋友关系。这封样本语篇中的所有祈使句都出现在"促使行动"部分，表明使用祈使句是一种激励潜在客户采取行动的好方法。

表 3-10 中展现了该样本语篇的主语选择及其占比情况。

表 3-10　　　　　　　主语的分布情况

| 分类 | 你（包括命令句中的隐含"你"） | | 他们（指对照组） | | 其他 | |
| --- | --- | --- | --- | --- | --- | --- |
| | 数量（个） | 占比（%） | 数量（个） | 占比（%） | 数量（个） | 占比（%） |
| 引起注意 | 0 | 0 | 0 | 0 | 1 | 5 |
| 激发兴趣/购买欲 | 3 | 15 | 0 | 0 | 1 | 5 |
| 建立信心 | 4 | 20 | 4 | 20 | 3 | 15 |
| 促使行动 | 2 | 10 | 0 | 0 | 2 | 10 |
| **总数** | **9** | **45** | **4** | **20** | **7** | **35** |

在样本语篇 10 中，一个显著的现象是作为主语的"你"所占百分比相对较高，例如：（1）Maybe you are making things happen for yourself and for your family.（也许你正在为自己和你的家庭创造机会。）（2）If things are not happening, and if you are a fighter, you will do something about it!（如果事情没有发生，而你是一个斗士，你会采取行动！）作为主语的"你"占比达到了 45%。众所周知，主语负责使从句作为互动事件发挥作用，将"你"置于主语的位置显示了对潜在客户的尊重，给读者留下了他

们被充分关心和尊重的印象,这反映了商业信件中常见的"你"态度倾向。

从表3-10中,我们还可以看到另外两种主语:一是作为主语的"他们",指的是从 I. C. S. 课程中受益的正面对照组,其占比为20%;二是一组其他主语,涵盖了其他许多项目,其占比为35%。

以上分析是对一封销售信函的语气类型和主语的案例研究。接下来,笔者将对32封英文销售信函进行定量分析。

(三) 定量分析

语料库32封英文销售信函中句子总数及语气类型分布情况如表3-11所示。

表3-11　　　　　　　　语气类型的分布情况

| 分类 | 数量(个) | 占比(%) |
| --- | --- | --- |
| 陈述 | 425 | 81.26 |
| 是非疑问 | 29 | 5.54 |
| 特殊疑问 | 15 | 2.87 |
| 感叹 | 11 | 2.11 |
| 祈使 | 43 | 8.22 |
| **总体数量** | **523** | **100.00** |

从表3-11中可见,32篇英文销售信函中共计包含523个句子,其中,陈述句425个,是非疑问句29个,特殊疑问句15个,感叹句11个,祈使句43个。

显然,陈述语气在英文销售信函中占据主导地位,占比高达81.26%。通过使用大量陈述句,销售信函撰写者扮演了信息提供者的角色,并将读者定位为信息接受者。他们提供有关目标产品或服务的信息,同时意图说服潜在客户购买。这种安排不仅有助于提供产品或服务的必要信息,还有助于给读者留下一种印象,即撰写者是在坚定且客观地介绍某物,而非不确定或夸大其词。

由于陈述语气占据主导地位，其余四种语气类型的使用频率则相对较低，其占比范围在2.11%~8.22%。深入探究后，笔者从中挖掘出了更多有价值的信息。

如前所述，销售信函通常由四个部分组成，即引起注意、激发兴趣/购买欲、建立信心和促使行动。接下来，笔者将分析每种语气类型在这四个部分中的分布情况，并将结果呈现在表3-12中。

表3-12　　　　　　　　语气类型在四个部分中的分布情况

| 分类 | 陈述 | | 是非疑问 | | 特殊疑问 | | 感叹 | | 祈使 | |
|---|---|---|---|---|---|---|---|---|---|---|
| | 数量（个） | 占比（%） | 数量（个） | 占比（%） | 数量（个） | 占比（%） | 数量（个） | 占比（%） | 数量（个） | 占比（%） |
| 引起注意 | 65 | 15.30 | 10 | 34.48 | 1 | 6.70 | 2 | 18.18 | 3 | 13.04 |
| 激发兴趣/购买欲 | 124 | 29.20 | 6 | 20.69 | 7 | 46.70 | 3 | 27.27 | 2 | 8.70 |
| 建立信心 | 176 | 41.40 | 8 | 27.59 | 2 | 13.30 | 5 | 45.50 | 12 | 52.17 |
| 促使行动 | 60 | 14.10 | 5 | 17.24 | 5 | 33.30 | 1 | 9.09 | 6 | 26.09 |
| **总体数量** | 425 | 100.00 | 29 | 100.00 | 15 | 100.00 | 11 | 100.00 | 23 | 100.00 |

根据表3-12，我们可以观察到五组结果：在陈述语气类别中，最为显著的是"建立信心"部分，其占比高达41.40%；而在是非疑问语气类别里，最大值则出现在"引起注意"部分，占比34.48%。在特殊疑问语气类别中，"激发兴趣/购买欲"部分以46.70%的比例脱颖而出，成为该类别下使用率最高的部分。此外，感叹语气类别中的"建立信心"部分占比最高，为45.50%。最后，在祈使语气类别中，"建立信心"部分占比最高，为52.17%。

在"引起注意"部分，是非疑问句的高比例使用，不仅能够有效激发读者的好奇心，促使他们主动思考并关注信函内容，还能够营造一种亲切、互动的沟通氛围，从而拉近卖家与客户的距离。这种策略有助于打破传统销售信函的单向传播模式，使沟通更加生动有趣。在"激发兴趣/购买欲"部分,特殊疑问句以其独特的提问方式,可以吸引潜在客户的注意力,并激发他们探索更多信息的欲望。这种语气类型通过提出具有针对性的问题,引导读者深入思考自己的需求与产品的匹配度,进而产生购买意愿。在"建立信心"部分,陈述语气和祈使语气的双高比例使用,则共同构建了一个既权威又鼓舞人心的信息环境。陈述句通过提供准确、可信的信息,增强了读者对产品的信任感;而祈使句则通过鼓励性的语言,激发了读者的积极行动意愿,进一步巩固了信心建立的基础。在促使行动部分,祈使句与疑问句相辅相成,共同构建了一个既具有说服力又易于行动的信息环境。

接下来,让我们看看英文销售信函中主语的选择及其使用比例。根据韩礼德(2000)的观点,主语是指能够据以肯定或否定命题的某种事物。具体而言,主语通过界定具体指涉对象(the entity),为判断命题真伪提供验证框架,即言者所陈述内容的有效性需在主语指涉范围内加以检验(Halliday, 2000)。在英文销售信函中,第二人称"您"及其所有格变体(如"贵方需求/资产")是主语的主要表现形式(在语篇分析中,祈使句默认以"您"为主语),例如:(1) *You'll feel as home here…and like it.*(你会感到宾至如归……并喜欢上这里)(样本语篇 13);(2) By starting a Review-Chronicle Want Ad now *you* can have a RESULT story of your own to tell before long.(现在就开始发布 Review-Chronicle 家禽需求广告,不久你就能拥有属于自己的成功故事。)(样本语篇 15);(3) Please do give me the opportunity to give you the benefit of my experience.(请给我机会,让我把我的经验之利带给你。)(样本语篇 20)。这些句子将客户置于主语的位置,即命题成功或失败的关键所在。这种安排充分体现了撰写者对客户的尊重,并展示了以客户为中心的态度。这有助于在卖家与客户之间建立良好的关系。

卖家和产品也是作为主语的好选择,它们的使用比例分别为 15.49%和 14.72%。卖家作为主语常用于表达他们愿意提供服务的意愿,如 *Jackson's* will be glad to submit a plan to sell your products, with money-making ideas behind it. (Jackson 公司很乐意为您的产品提交一份销售计划,并附上赚钱的想法。)(样本语篇 16);而产品作为主语通常用于介绍产品的功能或特点,如 *The Income Reserve Plan*, sponsored by this 25-year-old, $27,000,000 company, is safe-simple-convenient.(由这家拥有 25 年历史、资产规模达 2,700 万美元的公司赞助的 Income Reserve Plan 安全、简单、方便。)(样本语篇 21)。

正如前文论述衔接的部分所述,在英语销售信函中,对照组(可细分为正面对照组和负面对照组)往往形成衔接链。笔者发现对照组也是销售信函中主语的一个选择,占比达到 8.99%。例如:(1) *They*'re no better people than you. *They* had ambition and they seized opportunity.(他们并不比你更优秀。无非他们有理想,并且抓住了机遇。)(样本语篇 10);(2) In another case, *a man worth* $500,000 provided bequests of $75,000 in his will and left the residue to his children.(在另一案例中,一位身价 50 万美元的男子在遗嘱中指定遗赠了 75,000 美元,其余财产则留给子女。)(样本语篇 11)。

此外,由于价格与成本是卖家和顾客共同关心的焦点,与金钱相关的词汇同样可作为销售信函中的主语选择,但其占比不高,仅为 2.1%。在语料库中,我们可找到以下例句:(1) *Money*, as you know, has no value unless it is working.(众所周知,金钱只有在使用时才具有价值。)(样本语篇 1);(2) *Formalities*(like a bill)can wait until after you begin to receive copies.[手续(如账单)可以等到你收到复印件后再办理。](样本语篇 2)

实际上,为避免单调乏味,销售信函撰写者在主语选择上具有多种可能性,因此在"其他"一类中,其占比相对较高,达到 26.39%,仅次于以顾客为主语的占比。

综上所述,在英语销售信函中,陈述语气占据了主导地位,且通常选择顾客或顾客财产作为主语。对语气类型分布的详细分析表明,相当数量的是非疑问句出现在"引起注意"部分;近一半的特殊疑问句位于"激发兴趣/购买欲"部分;在"建立信心"部分,陈述句和祈使句的占比相对较高;而在"促使行动"部分,则运用了较高比例的祈使句和疑问句。

## 三、主位结构

### （一）主位的分类

主位（theme）是信息的出发点，是句子所关注的内容的起始点。根据结构复杂程度的不同，主位可分为单项主位、复项主位和以小句为主位。若主位内部没有结构，无法进一步分析，则为单项主位；若主位内部有结构，且除表示概念意义的成分外，还包含表示语篇意义或/和人际意义的成分，则为复项主位。与单项主位和复项主位不同，以小句为主位的情况出现在小句复合体中，而非单个小句中。由于笔者在以下主位分析中选取小句为基本单位，因此此处不讨论以小句为主位的情况。

复项主位最多可包含三种成分：谋篇成分、人际成分和概念成分。谋篇成分由接续成分、结构成分和连接成分按顺序组合而成；人际成分则由称呼语、情态成分和限定成分任意组合而成；概念成分指的是话题成分，又叫话题主位。

根据标记性（markedness），主位还可分为有标记主位和无标记主位，术语标记意指非典型或异常。换言之，在同一语法单位中，无标记主位是常见且最优先的选择；若说话者选择有标记主位，则通常有特殊原因，这些原因通常与文本所处的语境相关。主位的标记性与小句的主位结构与语气类型之间的关系有关：在陈述句中，无标记主位通常作为主语；在是非疑问句中，为限定动词加主语；在特殊疑问句中，为 WH 疑问词或词组；在祈使句中，自然主位为"你"或"我们"，然而，"你"常被省略，使动词处于主位位置。

### （二）定性分析

以下是一封花园水管销售商的销售信函。笔者将它分为四个部分，并用双行空格标记分隔。

"Spring is just around the corner" —

Dealers with vision are NOW giving serious thought to their Garden hose requirements for the coming season. The Gates factory in Denver is prepared to solve this problem, and to help make this YOUR most profitable year.

Here is YOUR opportunity to deal direct and take advantage of factory prices, just as many other thoughtful buyers are doing. Complete stocks carried in our Denver and Chicago warehouses enable us to give prompt attention to your orders for Gates "factory fresh" Garden hose—the kind that gives your customers extra service without extra cost—the kind of service you want them to have.

The sample in the attached bag is our 2-braid Greenlawn DeLuxe Garden hose. Test it any way you want to. Twist it, try to tear it, try to chip the tough tube with your fingernail. Press the sides together and notice how quickly the hose springs back to its original shape. The attractive dark green cover with its deep corrugations insures long life and prevents cracking.

Each type of Gates Garden hose is THE outstanding value in its particular class, built to give maximum service; and you will be surprised at the moderate cost. Gates Garden hose is available in all sizes, in grades ranging from All Rubber to the Greenlawn DeLuxe—in black, red, and green.

Each brand is distinctively wrapped to make it stand out and attract your customers' attention—actually selling itself. Each length of standard braided hose carries its own guarantee tag, enabling your customers to see and feel the QUALITY.

The attached card requires no postage. Fill it in, and drop it in the mail-box. Without obligation to you, samples and quotations on our complete line of superior Garden hose will be sent to you immediately.

You will profit by dealing direct with us, so be sure to mail the card TODAY.

（"春天即将来临"——

如今，有远见的经销商们正认真考虑着为即将到来的季节备足花园水管的需求。丹佛的盖茨工厂已做好准备，为您解决这一问题，助力您迎来最为盈利的一年。

正如许多其他深思熟虑的买家一样，您也有机会直接交易，享受出厂价优惠。我们在丹佛和芝加哥的仓库备有充足库存，能够迅速处理您对盖茨"全新出厂"花园水管的订单——这种水管能让您的客户在无需额外成本的情况下享受更多服务——正是您希望为客户提供的服务。

随附袋子中的样品是我们的 2 股编织 Greenlawn DeLuxe 花园水管。您可以随意测试它。扭转它，尝试撕裂它，甚至用指甲尝试刮破坚韧的内管。将水管两侧压在一起，观察它如何迅速恢复原形。其迷人的深绿色外壳配以深凹槽设计，确保了水管的长久耐用并防止开裂。

盖茨花园水管在其特定类别中均拥有卓越性价比，旨在提供极致服务；而其适中的价格定会令您惊喜不已。盖茨花园水管一应俱全，从全橡胶到 Greenlawn DeLuxe，黑色、红色和绿色应有尽有。

每一款水管均拥有独特的包装，使其脱颖而出，吸引顾客目光——实际上是在自我推销。每根标准编织水管都带有自己的质保标签，让您的顾客能够亲眼看到并感受到其卓越品质。

随附的免邮资卡片，只需简单填写并投入邮筒，我们即刻为您寄送全系列高品质花园水管样品及详细报价，全程无任何附加条件。

选择与我们直接合作，您将收获满满。因此，请务必把握今日，即刻邮寄卡片，开启共赢之旅。）

（样本语篇9）

表 3-13 展示了样本语篇 9 中单项主位和复项主位的分布情况。该样本语篇中共有 27 个级阶小句。其中，78% 的小句采用单项主位，例如：(1) *Spring* is just around the corner（春天已悄然临近）；(2) *The attached card* requires no postage（所附卡片无需邮资）；(3) *You* will profit by dealing direct with us（选择直接与我们合作，您将收获满满。）从示例中我们可以看出，单项主位仅包含经验主位，通常为一个名词词组。单项主位的频繁使用使文本简洁明了，易于理解。这种简洁的信息呈现方式不会使读者感到厌烦。

表 3-13　　　　单项主位和复项主位的分布情况

| 分类 | 单项主位 | | 复项主位 | |
| --- | --- | --- | --- | --- |
| | 数量（个） | 占比（%） | 数量（个） | 占比（%） |
| 引起注意 | 1 | 4 | 0 | 0 |
| 激发兴趣/购买欲 | 4 | 15 | 1 | 4 |
| 建立信心 | 12 | 44 | 3 | 11 |
| 促使行动 | 4 | 15 | 2 | 7 |
| 总数 | 21 | 78 | 6 | 22 |

在 27 个等级小句中，有 6 个小句采用了复项主位，约占总体的 22%。复项主位最多可包含三个成分：谋篇主位、人际主位和经验主位。表 3-14 为我们提供了该信函中使用多重主位的更多详细信息。

表 3-14　　　　复项主位成分的分布情况

| 主位类型 | | 引起注意 | 激发兴趣/购买欲 | 建立信心 | 促使行动 |
| --- | --- | --- | --- | --- | --- |
| 谋篇主位 | 结构成分 | 0% | 17% | 33% | 33% |
| | 连接成分 | 0% | 0% | 17% | 0% |

续表

| 主位类型 | 引起注意 | 激发兴趣/购买欲 | 建立信心 | 促使行动 |
|---|---|---|---|---|
| 人际主位 | 0% | 0% | 0% | 0% |
| 话题主位 | 0% | 17% | 50% | 33% |

由表 3-14 所示,在此样本语篇中,复项主位主要由谋篇主位与话题主位共同构成,且未显现出人际主位的存在。该信函的谋篇主位显著特点在于结构成分与连接成分的充分展现,其中结构成分的运用尤为突出。据统计,高达 83% 的多主题句子均包含结构成分,如"and"在句"and notice how quickly the hose springs back to its original shape"(观察它如何迅速恢复原形)中的运用。正如前文所述,连词如"and"作为衔接手段,其频繁使用对于提升文本的连贯性与一致性具有显著作用。

除了从单项主位和复项主位的角度分析文本外,笔者还分析了主题的标记性,如表 3-15 所示。

表 3-15　　　　　　　　非标记主位和标记主位的分布情况

| 分类 | 非标记主位 | | 标记主位 | |
|---|---|---|---|---|
| | 数量（个） | 占比（%） | 数量（个） | 占比（%） |
| 引起注意 | 1 | 4 | 0 | 0 |
| 激发兴趣/购买欲 | 4 | 15 | 1 | 4 |
| 建立信心 | 12 | 44 | 3 | 11 |
| 促使行动 | 3 | 11 | 3 | 11 |
| **总数** | **20** | **74** | **7** | **26** |

在总计 27 个级阶小句中,有 20 个小句的主位未加以明确标记,譬如 *The sample in the attached bag* is our 2-braid Greenlawn Deluxe Garden hose(随附样品袋中装载的,正是我们引以为傲的 Greenlawn Deluxe 双编织花园水管),相比之下,仅余的 7 个小句则清晰地标记了主位,如 *and drop it*

in the mail-box（随即将之投入邮箱）。简而言之，此销售信函中的绝大多数主位处于未标记状态，这反映了作者倾向于采用一种更为普遍且易于预见的方式来传达信息。

以上是对一封销售信函主位结构分析的深度剖析，其中详尽探讨了单项与复项主题、未标记与标记主题之间的微妙差异。

## （三）定量分析

通过对32篇样本语篇进行详尽的定量分析，表3-16全面展示了多个维度的数据。

表3-16　　　　单项主位和复项主位的分布情况

| 编号 | 单项主位 | | 复项主位 | | 级阶小句数量（个） |
| --- | --- | --- | --- | --- | --- |
| | 数量（个） | 占比（%） | 数量（个） | 占比（%） | |
| 1 | 19 | 70.37 | 8 | 29.63 | 27 |
| 2 | 10 | 55.56 | 8 | 44.44 | 18 |
| 3 | 12 | 63.16 | 7 | 36.84 | 19 |
| 4 | 16 | 43.24 | 21 | 56.76 | 37 |
| 5 | 14 | 53.85 | 12 | 46.15 | 26 |
| 6 | 13 | 76.47 | 4 | 23.53 | 17 |
| 7 | 10 | 47.62 | 11 | 52.38 | 21 |
| 8 | 21 | 61.76 | 13 | 38.24 | 34 |
| 9 | 21 | 77.78 | 6 | 22.22 | 27 |
| 10 | 17 | 60.71 | 11 | 39.29 | 28 |
| 11 | 12 | 66.67 | 6 | 33.33 | 18 |
| 12 | 24 | 70.59 | 10 | 29.41 | 34 |
| 13 | 12 | 54.55 | 10 | 45.45 | 22 |
| 14 | 10 | 62.50 | 6 | 37.50 | 16 |
| 15 | 15 | 83.33 | 3 | 16.67 | 18 |
| 16 | 15 | 65.22 | 8 | 34.78 | 23 |

续表

| 编号 | 单项主位 | | 复项主位 | | 级阶小句数量（个） |
|---|---|---|---|---|---|
| | 数量（个） | 占比（%） | 数量（个） | 占比（%） | |
| 17 | 13 | 61.90 | 8 | 38.10 | 21 |
| 18 | 19 | 54.29 | 16 | 45.71 | 35 |
| 19 | 11 | 55.00 | 9 | 45.00 | 20 |
| 20 | 16 | 64.00 | 9 | 36.00 | 25 |
| 21 | 10 | 62.50 | 6 | 37.50 | 16 |
| 22 | 12 | 66.67 | 6 | 33.33 | 18 |
| 23 | 6 | 42.86 | 8 | 57.14 | 14 |
| 24 | 4 | 40.00 | 6 | 60.00 | 10 |
| 25 | 39 | 55.71 | 31 | 44.29 | 70 |
| 26 | 41 | 71.93 | 16 | 28.07 | 57 |
| 27 | 17 | 60.71 | 11 | 39.29 | 28 |
| 28 | 11 | 47.83 | 12 | 52.17 | 23 |
| 29 | 10 | 58.82 | 7 | 41.18 | 17 |
| 30 | 18 | 64.29 | 10 | 35.71 | 28 |
| 31 | 10 | 47.62 | 11 | 52.38 | 21 |
| 32 | 14 | 63.64 | 8 | 36.36 | 22 |
| 总数 | 492 | 60.74 | 318 | 39.26 | 810 |

表3-16详尽地呈现了32封英文销售信函中单项主位与复项主位各自的分布情况。统计结果显示，32封英文销售信函中共包含810个级阶小句，其中492个小句起始于单项主位，而剩余的318个小句则是以复项主位为开端。这表明，在本书构建的语料库中，单项主位的占比范围介于40.00%~71.93%，显著超越了复项主位的占比，此现象恰好契合了商业信函追求简洁明了这一普遍要求。鉴于销售信函本质上属于商业信函的范畴，因此，销售信函的撰写者倾向于采用更多的单项主位而非复项主题来传递信息，这一选择显得尤为合理且符合预期。

此前我们已提及，复项主位通常由三个核心部分构成：谋篇主位、人际主位以及话题主位。为了更深入地理解这一点，表 3-17 进一步细化了这三种主位在整体中的分布情况。

表 3-17　　　　　　　　　复项主位成分的分布情况

| 类型 | 数量（个） | 占比（%） |
| --- | --- | --- |
| 谋篇主位 | 290 | 91.19 |
| 人际主位 | 35 | 11.01 |
| 话题主位 | 318 | 100.00 |
| **总体数量** | **318** | **100.00** |

在 318 个复项主位构成中，包含 290 个谋篇主位、35 个人际主位及与之对应的 318 个话题主位。鉴于每个复项主位均至少涵盖一个话题主位，其高比例在此不做赘述。需特别关注的是谋篇主位（占比 91.19%）与人际主位（占比 11.01%）之间的数量对比，此现象揭示了英语销售信函中复项主位的主要功能在于构建连贯的语篇结构，而非单纯增强语篇的人际交往意义。

表 3-18 与表 3-19 则是对谋篇主位与人际主位进行深入分析后所得出的详细统计数据概览。

表 3-18　　　　　　　　　谋篇主位组成部分的分布情况

| 类型 | 数量（个） | 占比（%） |
| --- | --- | --- |
| 接续成分 | 6 | 2.07 |
| 结构成分 | 215 | 74.14 |
| 连接成分 | 69 | 23.79 |
| **总体数量** | **290** | **100.00** |

表3-19　　　　　　　　人际主位组成部分的分布情况

| 分类 | 数量（个） | 占比（%） |
| --- | --- | --- |
| 引起注意 | 7 | 20.00 |
| 激发兴趣/购买欲 | 11 | 31.43 |
| 建立信心 | 11 | 31.43 |
| 促使行动 | 6 | 17.14 |
| **总体数量** | **35** | **100.00** |

如表3-18所示，在谋篇主位中，高达74.14%的文本主题融入了结构成分，具体实例如：（1）then accept our invitation to subscribe on a trial basis（那么请接受我们的邀请试用订阅）（样本语篇2）；（2）if you have the courage to face facts（如果你有勇气面对事实）（样本语篇10）。在深入探索语料库的过程中，我们发现了诸如"and、or、but、so、if、because、then、so that"等一系列结构成分，这些词在构建分句间语义联系上展现出了不可或缺的关键作用。这一发现进一步强化了结构成分在促进英语销售信复项主题间连贯性与一致性的重要性。

表3-19详尽地展示了英语销售信函中人际主位的分布情况。值得注意的是，人际主位主要集中在"激发兴趣/购买欲"部分与"建立信心"部分，其精妙运用能够搭建起卖家与买家之间更为和谐的沟通桥梁，有效拉近彼此的心理距离。然而，尽管人际主位具有这样的积极作用，但它并非表达英语销售信函中人际意义的唯一或核心方式。

接下来，让我们借助定量分析这一工具，深入探索标记性层面所蕴含的奥秘。

表3-20中的数据显示，在总计810个级阶小句中，有434个主位呈现为未标记状态，占比高达53.58%，相比之下，被明确标记的主位数量为376个，占比46.42%。进一步分析32封英文销售信函，我们发现非标记主位的占比变化范围广泛，从最低的28.57%到最高的74.07%不等。特别值得注意的是，在其中的24封销售信函中，非标记主位的占比达到或超过了50%的阈值。

表 3-20　　　　　　非标记主位和标记主位的分布情况

| 编号 | 非标记主位 | | 标记主位 | | 级阶小句数量（个） |
| --- | --- | --- | --- | --- | --- |
| | 数量（个） | 占比（%） | 数量（个） | 占比（%） | |
| 1 | 15 | 55.56 | 12 | 44.44 | 27 |
| 2 | 8 | 44.44 | 10 | 55.56 | 18 |
| 3 | 11 | 57.89 | 8 | 42.11 | 19 |
| 4 | 16 | 43.24 | 21 | 56.76 | 37 |
| 5 | 15 | 57.69 | 11 | 42.31 | 26 |
| 6 | 10 | 58.82 | 7 | 41.18 | 17 |
| 7 | 9 | 42.86 | 12 | 57.14 | 21 |
| 8 | 17 | 50.00 | 17 | 50.00 | 34 |
| 9 | 20 | 74.07 | 7 | 25.93 | 27 |
| 10 | 15 | 53.57 | 13 | 46.43 | 28 |
| 11 | 9 | 50.00 | 9 | 50.00 | 18 |
| 12 | 20 | 58.82 | 14 | 41.18 | 34 |
| 13 | 9 | 40.91 | 13 | 59.09 | 22 |
| 14 | 11 | 68.75 | 5 | 31.25 | 16 |
| 15 | 11 | 61.11 | 7 | 38.89 | 18 |
| 16 | 15 | 65.22 | 8 | 34.78 | 23 |
| 17 | 13 | 61.90 | 8 | 38.10 | 21 |
| 18 | 12 | 34.29 | 23 | 65.71 | 35 |
| 19 | 9 | 45.00 | 11 | 55.00 | 20 |
| 20 | 16 | 64.00 | 9 | 36.00 | 25 |
| 21 | 8 | 50.00 | 8 | 50.00 | 16 |
| 22 | 9 | 50.00 | 9 | 50.00 | 18 |
| 23 | 7 | 50.00 | 7 | 50.00 | 14 |
| 24 | 6 | 60.00 | 4 | 40.00 | 10 |
| 25 | 36 | 51.43 | 34 | 48.57 | 70 |
| 26 | 38 | 66.67 | 19 | 33.33 | 57 |
| 27 | 18 | 64.29 | 10 | 35.71 | 28 |
| 28 | 12 | 52.17 | 11 | 47.83 | 23 |

续表

| 编号 | 非标记主位 | | 标记主位 | | 级阶小句数量（个） |
|---|---|---|---|---|---|
| | 数量（个） | 占比（%） | 数量（个） | 占比（%） | |
| 29 | 10 | 58.82 | 7 | 41.18 | 17 |
| 30 | 15 | 53.57 | 13 | 46.43 | 28 |
| 31 | 6 | 28.57 | 15 | 71.43 | 21 |
| 32 | 8 | 36.36 | 14 | 63.64 | 22 |
| 总数 | 434 | 53.58 | 376 | 46.42 | 810 |

在此，我们定义"非标记主位"为那些出现在主位位置且符合我们预期的内容。这一分类方式反映了英文写作中的一种典型且常见的选择偏好。因此，英文销售信函中非标记主位的高占比现象，揭示了作者在构建句子结构时，更倾向于采用这种典型的决策模式。

表3-21详尽地展示了376个标记主位在四个关键部分中的分布情况。从表中我们可以清晰地看到，有15.96%的标记主位集中在"引起注意"部分，26.60%的标记主位则分布在"激发兴趣/购买欲"部分，而高达38.03%的标记主位则分布在"建立信心"部分，剩余的19.41%则分布在"促使行动"部分。显然，"建立信心"部分中标记主位的占比最高，这一数据不容忽视。

表3-21　　　　标记主位在四个部分的分布情况

| 分类 | 数量（个） | 占比（%） |
|---|---|---|
| 引起注意 | 60 | 15.96 |
| 激发兴趣/购买欲 | 100 | 26.60 |
| 建立信心 | 143 | 38.03 |
| 促使行动 | 73 | 19.41 |
| 总体数量 | 376 | 100.00 |

众所周知，主位的位置对于信息的重要性有着不言而喻的影响，而标

记的主位更是将这种重要性推向了极致。因此，作为标记主位出现的元素，无疑是那些需要读者特别留意的关键信息。这一部分标记主位占据了相对较高比例，无疑揭示了英文销售信函的作者们在努力吸引读者对信息的关注，他们巧妙地通过强调目标产品/服务的信息，以期吸引并成功说服潜在顾客做出购买决定。

综上所述，英文销售信函中的主位大多以单项且未标记的形式呈现，而对于那些复项主位的使用，则多包含一个谋篇主位。其中，连词作为核心元素频繁出现，相比之下，人际主位则显得较为少见。

## 第四节　词汇层次分析

### 一、词汇分类

词汇主要可划分为两大类别：功能词与实义词。实义词广泛涵盖了名词、动词、形容词以及副词等词类。此外，依据另一维度，词汇亦能被区分为非情感词与情感词，其中，情感词特指那些蕴含深厚情感色彩的词汇，诸如"splendid（辉煌的）""vigorous（有力的）"等。

据刘世生和朱瑞青（2006）所论，在日常语言的运用中，各类词均保持着一定的出现频率。这一频率的特异性，实则成为塑造独特语言风格的有力工具。当某一词类在文本中频繁亮相或近乎缺席时，其便成为引人注目的特征所在。基于此，下文将深入词汇层面，对各类词性进行详尽剖析。

### 二、定性分析

在之前的章节里，我们已经分析了众多英文销售信函，勾勒出了一个初步的印象：形容词在英文销售信函中的使用频率似乎相当高。那么接下来，让我们继续探究后续的样本语篇，看看这一趋势是否依然延续。

Dear,

APPETIZING, HEALTHIFUL, and SATISFYING—

This is SKITLE—born in the shadows of Hollywood Hills and burtured by famous movie stars.

Fiend of the waistline, easy to digest, and nemesis of hunger, SKITLE is a sandwich three times bigger than the low-born hamburger and five times as good.

Ground veal from itsy-bitsy baby calves snatched from clean, green pastures, garnished with mild dry-eyed onions, topped with blushing tomatoes, and a crunchy, spicy relish, all tucked in a big, oversized bun that's been toasted to a golden brown and—ah! You have a sublime creation—the SKITLE.

It's truly a meal in itself and all for a paltry 99 cents! You will want to try one, and as a get-acquainted offer we will furnish one for half the regular price. Here's how you do it:

Just bring this letter and a friend some time before the first of March. You order the first one, and the second will be on the house.

We're located as 4937 Main, on the east side of the street. There's lots of room to park your car and we stay open until 2:00 a.m.

Come up and see us some time. Bring your friend and the letter.

Cordially yours,

P. S. We have dandy chili, too.

（亲爱的顾客，

美味可口、健康养生、令人满足——

这就是SKITLE——诞生于好莱坞山脚下的璀璨之地，众多电影明星对它青睐有加。

　　SKITLE是腰围的克星、饥饿的天敌，它易于消化，其体积是普通汉堡的三倍，其美味更是超越五倍。

　　精选自清新绿色牧场的小牛犊细肉，佐以温和的无泪洋葱，搭配鲜红的番茄，以及脆爽辛辣的调味品，全部包裹在一只烤至金黄酥脆的大面包中——啊！您所品尝到的，是至高无上的美味杰作——SKITLE。

　　这不仅仅是一顿饭，而是一场味蕾的盛宴，而这一切仅需区区99美分！您一定会想尝一尝，因此我们特别推出优惠活动：

　　只需带上这封信和一位朋友，在3月1日之前光临，您点第一个SKITLE，第二个即可免费享用。

　　我们的地址是主街4937号，位于街道东侧。这里有足够的空间供您停车，且我们的营业时间将一直延续到凌晨2点。

　　带上您的朋友和这封信，找个时间来看看我们吧。

此致

敬礼

又及：我们还提供美味的辣椒哦。)

（样本语篇6）

　　上述样本语篇为一封旨在推广SKITLE三明治的销售信函。该信函正文共计约200个单词，深入剖析后，笔者发现了34个形容词，诸如"APPETIZING"（诱人美味的）、"HEALTHFUL"（健康有益的）、"SATISFYING"（令人满意的）等，以及诸如"famous"（著名的）、"easy"（简便的）、"three"（三个）、"bigger"（更大的）等词汇，这些形容词约占总词数的17%，显示出极高的占比。

　　值得注意的是，在这34个形容词中，29个（占比高达85.3%）被精心安排在说服性内容的段落中，它们共同描绘了SKITLE三明治的多重魅力，包括其尺寸、色泽、风味乃至价格优势，有效增强了文本的生动性，此举旨在触动读者的味蕾，激发其购买欲望。

此外，这些形容词多数蕴含丰富的情感色彩，如"APPETIZING""SATISFYING"等，不仅传递了产品的客观信息，更在无形中与读者建立了情感联系。部分副词如"truly"同样发挥了情感增强的作用，进一步加深了这种情感共鸣。作者通过巧妙的情感诉求策略，旨在引导潜在顾客在情感层面上产生共鸣，从而增强他们对SKITLE三明治的好感度及购买意愿。

以上是对一封销售信函中词类运用的案例分析。接下来，笔者将扩展研究范围，对32封英文销售信函进行定量分析，以期通过更多实例来验证并深化我的观察与发现。

### 三、定量分析

表3-22汇总了32封英文销售信函的词汇使用定量分析结果。

表3-22　　　　　　　　形容词的分布情况

| 编号 | 词汇总数（个） | 形容词数量（个） | 占比（%） |
| --- | --- | --- | --- |
| 1 | 275 | 35 | 12.73 |
| 2 | 245 | 22 | 8.98 |
| 3 | 175 | 16 | 9.14 |
| 4 | 439 | 56 | 12.76 |
| 5 | 272 | 43 | 15.81 |
| 6 | 200 | 34 | 17.00 |
| 7 | 168 | 14 | 8.33 |
| 8 | 304 | 41 | 13.49 |
| 9 | 315 | 55 | 17.46 |
| 10 | 222 | 20 | 9.01 |
| 11 | 243 | 38 | 15.64 |
| 12 | 319 | 32 | 10.03 |
| 13 | 188 | 27 | 14.36 |

续表

| 编号 | 词汇总数（个） | 形容词数量（个） | 占比（%） |
|---|---|---|---|
| 14 | 192 | 28 | 14.58 |
| 15 | 216 | 18 | 8.33 |
| 16 | 318 | 29 | 9.12 |
| 17 | 215 | 21 | 9.77 |
| 18 | 342 | 37 | 10.82 |
| 19 | 207 | 24 | 11.59 |
| 20 | 299 | 26 | 8.70 |
| 21 | 229 | 27 | 11.79 |
| 22 | 182 | 27 | 14.84 |
| 23 | 114 | 14 | 12.28 |
| 24 | 117 | 16 | 13.68 |
| 25 | 702 | 104 | 14.81 |
| 26 | 695 | 82 | 11.80 |
| 27 | 309 | 45 | 14.56 |
| 28 | 224 | 41 | 18.30 |
| 29 | 196 | 20 | 10.20 |
| 30 | 412 | 57 | 13.83 |
| 31 | 232 | 31 | 13.36 |
| 32 | 322 | 42 | 13.04 |
| 总数 | 8,888 | 1,122 | 12.62 |

通过分析可知，在32封英文销售信函的主体部分，总计涵盖了8,888个单词，其中形容词的使用尤为突出，数量达到了1,122个，占据了词汇总量的12.62%。在全面审视语料库后，发现形容词的占比在8.33%~18.30%的区间内波动。从表3-22的数据中可知，在这32封英文销售信函中，有高达24封信函的形容词使用比例超过了10%，这一数据揭示了英文销售信函中形容词高频使用的普遍性与趋势性。

众所周知，英文销售信函的核心宗旨在于详尽阐述目标产品或服务的全方位信息。为此，作者倾向于采用丰富的形容词来全面细致地刻画产品特性，如"卓越的"（prime）、"强大的"（powerful）、"真实的"（true）、"周到的"（thoughtful）、"引人入胜的"（interesting）、"有益的"（helpful）、"简洁明了的"（simple）、"非专业性的"（nontechnical）等。这些词汇不仅涵盖了产品的尺寸、颜色、口感、安全性及品质等多个维度，而且普遍带有积极的色彩，有助于为产品塑造一个积极向上、诱人瞩目的形象。

通过数据分析，笔者观察到部分销售信函作者偏好采用形容词的比较级或最高级形式，以凸显产品/服务的独特优势。例如，在样本语篇10中，"A lot of people like you, then, are making them happen *faster* by acquiring *more practical* training through International Correspondence Schools Courses.（那么，很多如你一般的人，正通过国际函授学校的课程获取更多的实践训练，从而更快地实现这些目标。）"与"you'll go to a *higher* job and earn *better* pay.（您将会收获一份更为出色的工作机会，并赢得更为丰厚的薪资待遇。）"等表述，通过对比读者现状与课程带来的美好前景，彰显了国际通信学校课程的卓越价值。同样，在样本语篇25中，"I can tell people that I give them the *first* pick of the *finest*, *primest* catches.（我可以自豪地向人们宣称，我为他们提供了最为卓越、最为顶级的第一选择。）"这样的最高级描述，则直接传达了客户将获得最佳产品的强烈印象，这正是作者所期望达到的效果。

此外，数据语料库中物主形容词的广泛应用，与文本内容深度融合，显著增强了文本的连贯性和整体性。以样本语篇12为例，"In just a few minutes, he had determined the course of *his* morning.（仅仅几分钟内，他便已规划好早晨的行程。）"与"A grateful smile flickered across *his* lips as he recalled his Augustine Communications Sales Representative.（当他回想起自己的奥古斯丁通讯销售代表时，嘴角不禁浮现出一抹感激的微笑。）"等句子中的物主形容词，不仅丰富了文本的表达层次，还深刻提升了读者的沉浸感与情感共鸣。

值得注意的是，英文销售信函中除了大量运用形容词外，情感词汇的频繁出现同样构成了其显著特点。这些词汇，诸如"pitiful"（可怜的）、"tearfully"（含泪的）、"sad"（悲伤的），以及积极的"beautiful"（美丽的）、"slightest"（最微小的）、"tremendously"（极大地）、"glad"（高兴的）、"inconceivable"（难以置信的）、"favorable"（有利的）、"incredible"（惊人的）、"amazingly"（惊人地）、"interesting"（有趣的）等，不仅为文本增添了丰富的情感层次，还深刻揭示了销售信函作者的深层动机——利用情感共鸣触动读者内心，营造出积极向上的购买氛围。正如前文所述，销售信不仅是信息的载体，更是说服技巧的展现。作者巧妙运用情感词汇，旨在激发读者的购买热情，最终实现销售信函的核心目标。

## 第五节 文字层次分析

### 一、研究范围

文字层次中的偏离可能出现在其任何子领域中，涵盖标点符号、拼写、印刷类型、文本布局等多个方面。这些偏离不仅有助于凸显文本内容，还能进一步实现词汇与语法特征的强化。具体而言，通过某些标点符号、粗体、大写、斜体、特殊布局等非传统手段的运用，我们可以实现前景化效果，使文本更加引人注目。

在接下来的分析中，笔者将聚焦于上述各个方面，并努力探索英文销售信函在文字层面上所运用的前景化手段。为了更直观地理解，让我们首先观察一个具体的案例研究。

### 二、定性分析

图3-2是一封针对家禽农场主精心撰写的销售信函，旨在吸引更多

家禽饲养者选择在《Review-Chronicle 家禽需求广告》上投放广告。

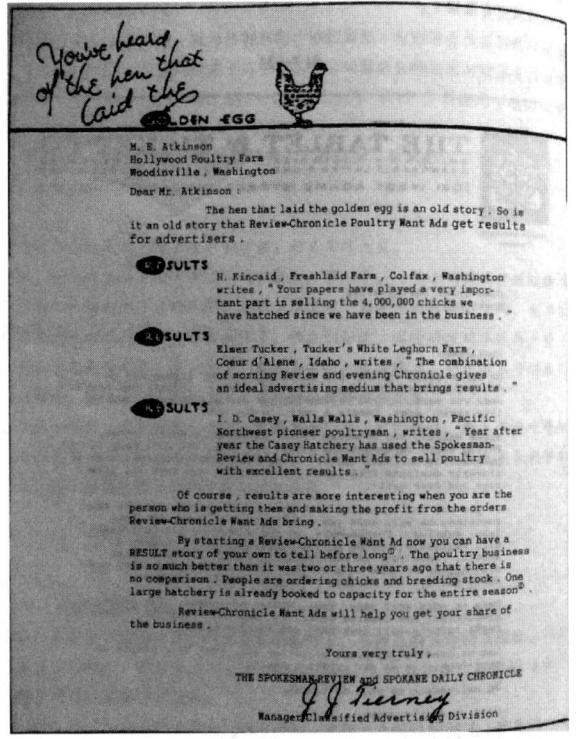

图 3-2 投放广告

资料来源：Frailey L E, 1999。

首先，映入眼帘的是信函顶部的一张生动的母鸡图片，精准锁定了饲养并销售母鸡等家禽的农场主这一核心受众。这张图片不仅吸睛夺目，更巧妙地向读者传达了信函与其业务的紧密联系，激发了他们深入阅读的兴趣与好奇。

仔细观察，图片中的母鸡并非孤立存在，而是与四个独特的蛋形文字相辅相成，共同构成了画面的一部分。这四个蛋形文字，宛如神奇母鸡所产的金蛋，生动形象地展现了《Review-Chronicle 家禽需求广告》为农场主们带来的丰厚收益与卓越效果。这一创意安排，在广告与童话之间架起了一座桥梁，让人不由自主地联想到投放广告后的美好前景与丰厚回报。

值得一提的是，包括四个蛋形文字在内的五个关键词均以粗体形式呈现，与图片一同构成了信函中最引人注目的视觉焦点。这样的设计不仅增强了信息的传递效果，更让整封信函显得层次分明、重点突出。

此外，信函的布局同样值得称道。每个紧随"结果"一词的段落都被精心设计成块状形式，既简洁明了又便于阅读；而"结果"一词则被巧妙地置于左侧空白处，使得其在众多信息中脱颖而出，成为引导读者继续探索的关键线索。

在信函的末尾，作者巧妙地融入了其亲笔签名，独具匠心。同时，在左上角隐约可见一行手写寄语："你可曾耳闻那只产下……的母鸡？"在当下，商务信函多以计算机键入为主流，而此信函的作者却能在标准打字之余，增添个人手写元素，彰显出与潜在客户建立个人化沟通的深切愿望与独特努力。此举无疑为构建和谐的买卖关系铺设了温馨基石。

正如前述，此信函巧妙地运用了前景化手法，诸如母鸡图案的嵌入、四个形似鸡蛋的信封图案、醒目的加粗字体、精炼的段落布局，以及那标志性的亲笔签名，这些元素或强化信息传达，或拉近买卖双方的心理距离。

接下来，笔者将针对32封英文销售信函进行深入的定量分析，以期挖掘更多潜在的信息与价值。

## 三、定量分析

通过对32封英文销售信函的文字层面进行深入的定量分析，发现了以下显著特征：就标点符号的使用而言，逗号和句号无疑是出现频率最高的，这一发现与我们的初步预期不谋而合。此外，一个值得特别关注的现象是，除了逗号和句号之外，感叹号、引号和破折号也频繁地出现，在这些信件中占据了一定的比例。

（1）感叹号：依据张德禄（2005）的见解，感叹号本身承载着独特的情感功能。它常被用作表达强烈情感的工具，如惊讶、兴奋等。在分析中发现，在32封英文销售信函中，有9封销售信函包含感叹号的句子，这些句子生动地展现了感叹号在传递情感方面的独特作用，例如：

①It isn't even 9：30, and he's behind!（现在甚至还没到9：30，他就已经落后了！）（样本语篇12）

②But, what a difference!（但是，差别真大！）（样本语篇12）

③It's time to own your front door key!（是时候拥有你前门的钥匙了！）（样本语篇17）

④What Anne Andrus did—you, too, can do!（安妮·安德鲁斯所做的事——你也能做到！）（样本语篇21）

⑤Then, there's my special deep-sea Lobster Offer!（那么，还有我的特别深海龙虾优惠！）（样本语篇25）

（2）破折号：在张德禄（2005）所写的《语言的功能与文体》中明确指出，破折号本身便是一个引人注目的符号，它不仅用于标示个体思维的骤然转折或中断，还常被用以凸显某些关键信息。通常而言，紧随破折号之后的内容，往往是作者希望我们特别留意的部分。举例来说，在审视销售信件时，我们不难发现其中蕴含了相当数量的含有破折号的句子，例如：

①If you are a quitter you won't read this letter. But—（如果你是个半途而废的人，你就不会读这封信。但是——）（样本语篇10）

②If you are not—if you have the courage to face facts—you want to know who is responsible for your not getting ahead faster.（如果你有勇气面对现实——你会想知道是谁阻碍了你更快地取得进步。）（样本语篇10）

③This day-after-day frustration can leave no doubt in our minds—the SCHEDULE is the BOSS.（这种日复一日的挫败感让我们毫无疑问地认识到——日程表才是老板。）（样本语篇12）

④Tide is published twice a month—costs only ＄16 for a full year's subscription.（《潮流》杂志，双月刊精彩不断——全年订阅特惠，仅需16美元！）（样本语篇27）

（3）名人名言：在精心撰写的英文销售信函中，巧妙地引用名言佳句是激发读者浓厚兴趣的有效策略。引号内的智慧光芒，源自历史长河中的杰出人物，它们不仅为信函镀上了一层权威的光辉，更以其深邃的洞察力引领读者步入一个引人入胜的世界。这种手法不仅增强了信函的信服力，更巧妙地勾起了读者的好奇心，促使他们一探究竟，探寻引文与所推介产品/服务之间那微妙的联系，例如：

①Mark Twain once remarked："Always do right. This will gratify some people, and astonish the rest."（马克·吐温曾深刻言道："始终秉持正义之行，此举定能悦人心，亦能令众人大感意外。"）（样本语篇13）

②The great General's reply is interesting："Only Napoleon can afford to dress and do as Napoleon does."（这位杰出将军的回答颇为风趣："唯有拿破仑方能驾驭如拿破仑般的着装与举止。"）（样本语篇32）

（4）印刷体：在印刷样式方面，粗体、下划线和斜体等手法在英文销售信函中颇为常见。这些视觉工具有效地增强了信息的显著性，特别是产品的名称等关键信息，即便读者无法详尽阅读整封信件，他们也能对通过这些手法突出展示的产品名称或其他重要信息留下深刻而鲜明的印象，例如：

①粗体。

a. Now, however, we at **Miracle Enterprises** have been able to produce what every motorist has been praying for – the **MIRACLEAR CLOTH**.（如今，在**奇迹企业**，我们已经成功打造出每位驾驶者梦寐以求的**奇迹清洁布**。）（样本语篇4）

b. **You've heard of the hen that laid the GOLDEN EGG.**（你听说过那只**下金蛋的母鸡**吗?）（样本语篇15）

②下划线。

a. It's our feeling that you are missing TIME's true value as a <u>continuing service</u>.（我们认为您尚未充分认识到 TIME 作为<u>持续服务</u>所蕴含的真正价值。）（样本语篇2）

b. As you know a tenant takes no credit on his income tax for rent, whereas if you are an owner, your mortgage interest and taxes are deductible, which would reflect a great saving on both federal and state income taxes.（正如众人所知，租户在所得税申报中无法将租金作为收入抵扣项目，相反，若您身为业主，则能享受按揭利息与税款抵扣的优惠，这一差异在联邦及州所得税层面将显著体现节省效果。）（样本语篇 17）

③斜体。

a. That is, *really* keep him.（也就是说，真的要留住他。）（样本语篇 3）

b. And when you come to compare prices, you will find that my lobster—even though more tender than the ordinary kind—*cost less than half* for what you actually eat!（比较价格时，您会惊喜地发现，我的龙虾虽以非凡的鲜嫩著称，但您真正品尝的那部分成本竟不及市场价格的一半！）（样本语篇 25）

c. Check and sign the enclosed postcards and mail them to me—*today*.（请审核并签署随附的明信片，随后务必在今天内将其寄送给我。）（样本语篇 25）

（5）短段落：在布局方面，有的信函作者选择使用短段落，如样本语篇 10 的作者将个别段落居中，如下所示：

How much should I own?

and

What kind?

（我应该拥有多少？

以及

什么种类？）　　　　　　（样本语篇 24）

有的英文销售信函撰写者倾向于采用并行布局来呈现信息，正如在样本语篇 23 中展示《Review - Chronicle 家禽需求广告》结果的方式那样。这种布局巧妙地以清晰、简练的方式传达了信息，使得读者能够更轻松地阅读并获取所需内容。

在拼写方面，值得注意的是，尽管大多数信件是通过计算机打字的，但手写信件仍然是一种引人注目的形式。在样本语篇 7、15、17 和 30 中，我们可以找到手写讯息的典型例子。这些手写的信息或个人签名，不仅有效地表达了作者与潜在客户沟通的真诚意愿和不懈努力，还展现了他们的个人关怀与尊重,进一步促进了与客户之间友好关系的建立。

此外,将单词的每个字母都大写也是一种引人注目的表达手法。例如:

(1) APPETIZING, HEALTHIFUL, and SATISFYING. (开胃的、健康的、令人深感满足的)(样本语篇6)

(2) This will produce an accurate estimate of exactly how much an AOCS will cost (and SAVE) for YOUR office. [这将为您提供一个精确的估算,让您清晰地了解自动光学字符识别系统(AOCS)将为您的办公室带来多少开支(以及节省多少成本)。](样本语篇12)

(3) Maybe we should always use BIG paper because BIG benefits should be called to your attention with BIG emphasis. (或许我们应当始终倾向于使用大纸张,因为其显著的优势值得通过更大的展示空间来引起您的充分关注。)(样本语篇31)

综上所述,撰写英文销售信函时,巧妙融入标点符号如感叹号、引号、破折号等,结合文本格式如粗体、下划线、斜体等,再辅以短段落、并列布局、居中排版等排版技巧,并融入手写信息、个人签名、大写字母等个性化元素,这些多元化的书写技巧能够显著增强信息的重要性。恰当运用这些技巧,能让销售信函的作者以更为精炼且引人注目的方式展现信息内容,成为撰写卓越销售信函不可或缺的要素。

## 第六节 功能文体视角解读

通过对英文销售信函在语篇、语法、词汇及文字层面的定性及定量分析,笔者发现了一系列独特的文体特征。正如韩礼德(1971)所言,前景化即出于特定动机的显著呈现。秉承此核心理念,笔者将在本节进一步探索,旨在通过剖析具体的情境背景,阐释这些文体特征是如何在不同层面上被动机化,并从功能视角出发,对其进行深入剖析与解读。

## 一、情景语境

语篇的丰富意蕴往往蕴含于通过环境动机的显著呈现所达成的前景化之中。这一环境动机的显著呈现,与韩礼德关于语言实现性的观念不谋而合。具体而言,语言被视为一种系统,它首先被编码于另一系统之中,随后又经历再编码过程,融入另一系统。韩礼德(2001)更进一步将实现性的概念延伸至语言范畴之外,强调语义系统本身就是某种超越性存在的实现。

这里所指的"超越性存在",实则是情景语境。情景语境被理论化为三个维度:语场、语旨和语式。语场指的是话语发生的具体情境,即正在进行的社会行为及其性质;语旨则关注于参与者的身份、地位及角色;而语式则探讨语言在特定情境中的角色定位,以及参与者对语言在该情境下功能的期待,包括语篇的符号结构、其地位及在情境中的具体作用。

语义学作为连接语言与情境背景的桥梁,聚焦于与上述三个情境变量——语场、语旨和语式——紧密相关的意义层面。具体而言,语场与实现概念意义紧密相连,这一意义通过及物性得以体现;语旨则关乎人际意义的实现,通过语气系统来展现;而语式则与语篇意义的实现息息相关,这一意义通过主位结构来达成。

## 二、英文销售信函的情境语境因素

由于语言选择深深植根于具体的情境之中,因此,首要且必要的是深入剖析英文销售信函所处的情境因素,以下是该领域的关键情景语境变量概览。

(1)语场:聚焦于目标产品/服务的精彩呈现,核心在于凸显其独特优势与卓越价值。

(2)语旨:搭建起卖家与尚未谋面的潜在顾客之间的桥梁;作者身兼信息传递者与说服者的双重角色。

(3)语式：以书面形式精心雕琢，专为阅读而设计；信函本身即是对相关商业活动的全面记录与展现。

上述情景语境变量与语言特征之间的紧密关联不容忽视。英文销售信函的语义深意，往往可通过对其情景语境特征的深入剖析而得以揭示。换言之，英文销售信函中那些引人注目的语言特色，正是其情景语境所驱动的。

## 三、前景化特征的功能解释

韩礼德（2001）强调，若语言的特定特征因其显著性对文本的总体意义有所贡献，则此贡献源自其意义所催生的言语功能；当言语功能与作品解读紧密相连时，此显著性便展现出其背后的动因。

在探讨英文销售信函时，我们聚焦于目标产品/服务的优势阐述。为实现这一目标，销售信函的撰写者广泛运用物质过程，细致描绘目标产品/服务世界中的动态场景，并构想若无此类产品/服务，个人生活可能遭遇的情境。为精准刻画目标产品/服务的特性，作者在语法层面巧妙融入大量关系过程，同时在词汇层面，则通过较高比例的形容词来增强描述的生动性与准确性。

更重要的是，为了提升销售信函的说服力与效果，作者精心在客观陈述与主观引导之间寻求微妙平衡。这种平衡巧妙地体现在对心理过程策略性的运用上。诚然，销售信函的核心目标是促使潜在客户作出购买决策。然而，过度依赖心理过程可能适得其反，使信函显得过于主观且情感泛滥。因此，心理过程在整体中的占比并不占据主导地位，但在触及兴趣与欲望的关键环节，其比例却显著高于其他两类过程。

如前文表3-7所示，为了彰显产品的客观品质与价值，作者大量运用了物质过程与关系过程，以此证明其产品的卓越质量；而在激发客户兴趣与欲望的部分，心理过程则以相对较高的比例出现，旨在精准触动客户的购买欲望，实现有效引导。

英文销售信函的语气是卖家与潜在客户之间沟通的桥梁。唯有当客户选择购买其产品/服务时，卖家方能实现盈利。因此，客户在销售过程中自然占据了主导地位。这种主导性在销售信函中体现为"您"的频繁使用，即将潜在客户置于句子的核心位置，彰显了卖家对客户的深切尊重与重视。此举不仅有助于拉近双方距离，还能在彼此之间构建起友好而信任的桥梁。

在英文销售信函的撰写中，作者身兼两职——既是信息的传递者，又是说服的艺术家。一方面，作为产品的直接推广者，作者自然对其产品了如指掌，并致力于在信中详尽阐述产品的各项优势与特点，因此，陈述句自然而然地成为销售信中的主角，承载着传递信息的重要使命。

另一方面，销售信函的撰写者同样扮演着至关重要的说服者角色。仅仅提供目标产品/服务的基本信息，显然不足以达成销售目标。为了充分发挥其说服能力，销售信函的撰写者需灵活运用多种语气类型。如前文表 3-12 所示，在"吸引注意"部分，信函撰写者运用了大量的是非疑问句（如样本语篇 26 中的 Do you still feel yourself in the clutches of "Old Man Winter"? Are you weary and tired of cold, sleet, ice—one sunless day after another? Do you have that listless feeling—just a casual interest in the things that used to seem so vital? 你是否仍然觉得自己被"冬爷爷"的魔爪牢牢抓住？你是否已经厌倦了连续不断的寒冷、雨夹雪和冰冻天气？你是否感到一种无精打采的情绪——对过去那些曾觉得至关重要的事物如今只是兴趣寡然呢？），以此引起潜在客户的关注；几乎一半的 Wh-疑问句用在了"激发兴趣/购买欲"部分（如样本语篇 3 中的 Why not have a real home, where children can be children and dogs can be dogs, and you can all be free and happy together? 为什么不拥有一个真正的家，让孩子们尽情享受童年，狗狗自由奔跑，你们全家都能在一起自由快乐地生活呢？），用于触动客户的内心需求；而祈使句则有半数出现在了"建立信心"部分（如样本语篇 28 中的 Let him give your car a real Winter Lubrication…with lubricants that are made specially for winter temperature … rainproof, slush-proof, mud-proof. Then you will be all set for the coming season…mild or severe. Be sure to use That Good Gasoline…it's kept in step with the calendar…refined to suit the weather…it'll be your guarantee of quick starting. 让他为你的汽车做一次真正的冬季润滑……使用专为冬季温度特制的润滑剂……防水、防泥泞、防污泥。这样，无论即将到来的季节是温和还是严寒，你都将万无一失。一定要使用那种优质的汽油……它与时俱进……根据天气情况进行提炼……它将保证你的汽车快速启动。），以强有力的方式说服客户相信其说辞，进而促成购买行为。

为了使信函更具说服力，销售信函的撰写者往往还会运用情感诉求的策略，努力让潜在客户在情感层面产生共鸣，并赢得他们更多的好感。这正是销售信函中频繁出现情感词汇的深层原因。此外，个人签名与手写信息被巧妙运用，旨在于卖家与买家之间构建一种温馨如友的氛围，为商务信件增添一抹独特的个人韵味。

此外，为使信函流畅易读，样本语篇的撰写者还运用指称、连词等衔接手段，同时采用单一主题而非纷繁复杂的多个主题来组织文本，使内容更加集中，并且还擅长运用恰到好处的标记手法，如加粗、下划线、大写、居中等，以凸显关键信息，使信函更加醒目吸睛。

值得注意的是，英文销售信函巧妙地融合了书面语与口语的精髓。在保持书面形式的正式与规范的同时，撰写者也努力让信函读起来如同朋友间的亲切交谈。因此，人称代词与连词频繁出现（如 You see, I can tell people that I give them the first pick of the finest, primest catches. 你瞧，我能告诉大伙儿，我给他们的是最顶尖、最上乘的第一份渔获），营造出一种亲密无间的氛围，使读者仿佛置身于与老友的对话之中。

综上所述，英文销售信函中的这些显著特点并非随意堆砌，而是深受特定语境的驱动与影响，与整体氛围相得益彰。

# 第四章 产品推介演讲的功能文体与多模态分析

## 第一节 理论框架及研究内容说明

本章将深入探讨商务英语演讲中的产品推介环节。相较于销售信函,产品推介演讲所涵盖的模态更为丰富,它不仅紧密结合了科技创新的成果,而且巧妙地运用了视听结合的交流手段,以增强与观众(潜在顾客)之间的互动和沟通。

笔者将基于图 4-1 中的多模态话语分析理论框架(张德禄,2009)和图 4-2 中的动态多模态话语分析理论框架(张德禄和袁艳艳,2011),分别从文化层面、语境层面、意义层面、形式层面和表达层面开展分析。其中,形式层面承载了丰富的信息,既有视觉模态,又有听觉模态,既涉及语言层面的语篇、语法、词汇,又涉及非语言层面的图像、手势等符号资源,因此,笔者以定性和定量相结合的方式统计了演讲语篇中各种衔接类型、及物过程、主位种类等出现频率,结合典型案例重点分析,并从多模态互动的视角探究产品推介演讲中多模态之间的关系。

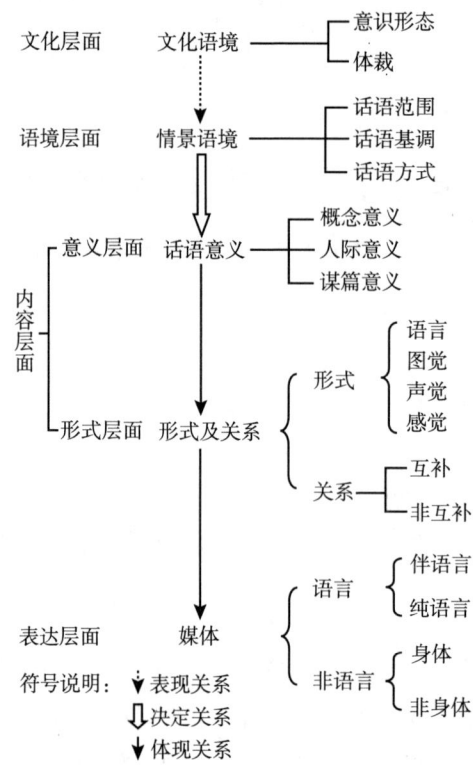

**图 4-1 多模态话语分析理论框架**

资料来源:张德禄,2009。

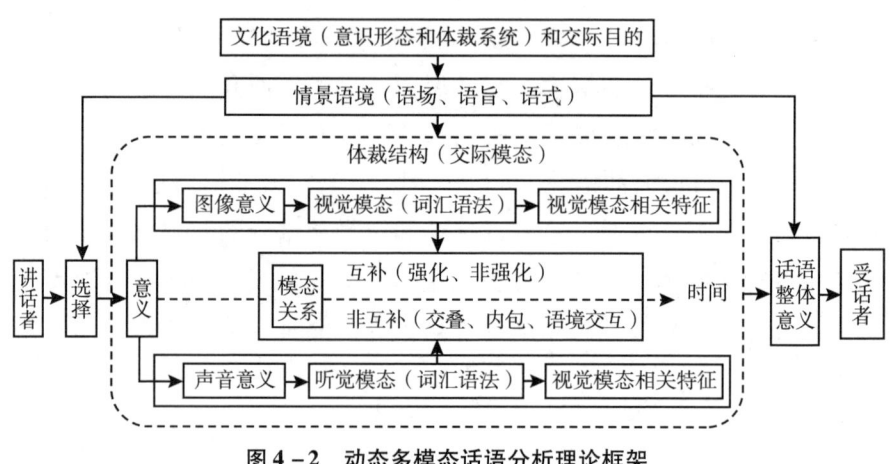

**图 4-2 动态多模态话语分析理论框架**

资料来源:张德禄和袁艳艳,2011。

本部分重点研究的语料来源于史蒂夫·乔布斯2010年在苹果公司iPad产品推介会上的演讲，时长约一个半小时，转录文字约12,000字。选择该演讲作为分析对象的原因有三：首先，苹果公司作为全球知名企业，其成功的新品销售案例具有较高的研究价值；其次，乔布斯作为苹果公司的创始人，其演讲风格独特，具有极高的说服力和代表性；最后，该新品发布会不仅有乔布斯主讲，还包括苹果公司的其他高管和第三方合作者发言，这在一定程度上可以抵消乔布斯个人语言风格的影响，从而更全面地反映英美企业推介产品的整体风格。通过对这一典型语料的深入分析，有助于我们更好地理解商务英语演讲中产品推介的语言特点和说服策略。

## 第二节  文化层面分析

在分析商务英语产品推介演讲的文化层面时，我们首先从意识形态的角度切入。产品推介演讲不仅是产品信息的传递，更是企业核心价值观和市场定位的体现。以乔布斯著名的iPad产品推介演讲为例，演讲过程中透露出苹果公司对创新、设计和用户体验的极致追求，这与美国企业文化中推崇的个人主义、创新精神和客户至上的理念不谋而合。演讲者通过对这些价值观的强调，传递了一种特定的文化观念和生活方式，从而在意识形态层面与目标受众形成共鸣。

进一步从体裁系统的角度审视，商务英语产品推介演讲遵循一定的体裁规范，如固定的结构框架和表达方式。然而，在遵循这些传统体裁规范的同时，演讲者也会根据个人风格和市场需求进行体裁规范的突破。乔布斯的演讲就是一个典型案例，他在保持基本框架的同时，巧妙地融入了故事讲述、情感诉求等元素，打破了传统的体裁界限，使得演讲更加生动、有说服力。例如：

I want to take you back to 1991 when Apple shipped its first Power-

Books. These were the first modern laptop computers; Apple actually invented the modern laptop with these PowerBooks.（我想带你们回到 1991 年，那时苹果推出了它的第一款 PowerBook。这些电脑是第一款现代笔记本电脑；苹果正是通过这些 PowerBook 发明了现代笔记本电脑。）

如例中所示，乔布斯并没有采用传统的产品介绍方式，而是将苹果的历史、创新以及市场需求结合在一起，形成了一个连贯且引人入胜的故事。他通过回顾苹果在 1991 年推出的 PowerBook，强调了苹果在笔记本电脑领域的领先地位，并以此为切入点，引出 iPad 作为第三种设备的必要性。

在交际目的方面，商务英语产品推介演讲旨在建立与听众之间的信任关系，并确立演讲者在行业中的权威地位。演讲者通过展示专业知识、分享成功案例和顾客评价等方式，来强化这种信任和权威。同时，演讲者还承担着促进跨文化理解和交流的使命。为了实现这一目的，演讲者会采用跨文化的交际策略，如使用清晰的语言、直观的视觉辅助等，以确保信息在不同文化背景下的有效传递和接收。例如，乔布斯在介绍 iPad 的地图软件时，没有使用过于复杂的行业术语或晦涩难懂的表述，而是用简洁的语言和直观的手势动作来展示 iPad 的功能和优势（Here's the Eiffel tower. We just tap the corner. Let's go to satellite view, and again we can just pinch this as big as we'd like. 这是埃菲尔铁塔。我们只需点击一下角落。现在让我们切换到卫星视图，同样地，我们只需要缩放到我们想要的大小。）这种清晰的表达，使得不同文化背景的观众都能够轻松理解乔布斯所传达的信息，从而促进了跨文化交流。

综上所述，商务英语产品推介演讲在文化语境中承载着丰富的意识形态内涵，遵循并创新体裁系统的规范，同时明确其交际目的，以适应全球化背景下的跨文化沟通需求。通过对这些层面的深入分析，我们可以更全面地理解商务英语演讲的文化特性及其在商业交流中的作用。

## 第三节 语境层面分析

韩礼德于 20 世纪 60 年代提出了系统功能语言学这一语言学研究框

架,该理论视语言为社会符号的复杂网络,着重探讨语言在社交互动中的角色及其应用,特别注重语境对语言使用的影响。

在系统功能语言学的理论体系中,文化语境被视为一个宽泛且抽象的概念,它涵盖了特定言语群体的历史传统、文化特色、习俗、思维定式、道德标准、价值取向以及伦理框架等要素。这种语境构成了话语产生的广阔社会文化背景,对语言使用者的选择和表达形式产生深远影响。文化语境在话语意义的形成与解读中扮演着至关重要的角色,因为每一篇话语都是在特定的文化背景下产生并传达其含义的。

韩礼德区分了语境的两种主要类型:文化语境与情景语境,其中文化语境较为抽象,而情景语境则相对具体,其介于文化语境与具体话语之间。文化语境通过对语言使用者社会职能和使用目标的塑造,决定了话语的意义。在系统功能语言学中,文化语境被视为话语意义产生的核心要素之一。

## 一、文化语境

系统功能语言学理论强调,文化语境在影响语言的使用和意义构建方面起着决定性作用,它通过引导语言使用者的选择和交流行为,进而作用于话语意义的传达。在多模态话语研究的领域内,文化背景的影响力尤为突出,它不仅推动并限制着话语的形成,同时也对多模态组合模式的构建产生作用。文化背景通过对符号体系的驱动,影响着这些符号在多模态交流中的布局方式。

在商务英语演讲中,产品推介演讲的文化语境分析是一个多维度的过程,它涉及与交际相关的社会文化背景的多个层面。首先,文化习俗在产品推介演讲中扮演着重要角色。演讲者必须考虑到目标受众的文化习俗,以确保信息的传递不会引起误解或不适。例如:Apple actually invented the modern laptop with these PowerBooks. They featured the first TFT screen…Just a few years ago, in 2007, Apple reinvented the phone with the iPhone. A few years after that, we got the great iPhone 3GS, …Recently, …we have pondered this question for years…in order to really create a new category of devices. (苹果正是通过这些 PowerBook 发明了现代笔记本电脑。它们配备了第一款 TFT 屏幕……就在几年前，也就是 2007 年，苹果凭借 iPhone 重新定义了手机。几年之后，我们迎来了备受赞誉的 iPhone 3GS，……近年来，……我们多年来一直在思考这个问题……为了真正创造出一个全新的设备类别。）

如例中所示，iPad 产品推介演讲中对苹果公司一系列产品的回顾体现了苹果公司的创新精神，这些也都是不同国家受众普遍认同的文化价值观。通过这种方式，演讲者能够与听众建立文化上的联系，增强演讲的吸引力和说服力。

其次，生活习惯也是文化语境的一个重要组成部分。产品推介演讲通常会涉及产品如何融入消费者的日常生活，因此，演讲者需要了解并引用目标市场的生活习惯。例如，乔布斯在演讲中强调了 iPad 的多功能性，如何适应现代生活的快节奏和多样化需求，这一点与目标受众的生活习惯紧密相关。如在介绍游戏性能时，演讲者说道："We want to show you exactly how fast this device in this game."（我们想要向您精准展示这款设备在游戏中运行得有多快），流畅的游戏画面、操作者手持 iPad 的画面出现在大屏幕上，同时响起赛车加速的轰鸣声，令人如同身临其境；而在图片编辑场景，演讲者则以一种轻松自如的态度，边操作边解说："I just tap on a photo. I can drag it around, place it wherever I want."（我只需轻触一张照片。我可以随意拖动它，把它放到任何我想放的地方）。随着指尖轻触与滑动，图片仿佛被赋予了生命，直观展现了产品在图像处理上的灵活与高效。

思维方式同样是文化语境分析的关键。不同的文化背景可能导致不同的思维方式和信息处理习惯。在商务英语演讲中，演讲者需要采用逻辑清晰、条理分明的表达方式，以适应英语文化中直线型的思维方式。乔布斯的演讲就是一个典型例子，他在发布会上依次展示了 iPad 在浏览网页、发邮件、整理相册和看视频等方面的功能，来符合英语文化中听众的期待和习惯。

　　社会规范也是文化语境不可或缺的一部分。在产品推介演讲中，演讲者必须遵守社会规范，包括商业伦理、礼貌用语和职业行为标准。乔布斯的演讲不仅展示了产品的技术优势，还体现了对竞争对手的尊重和对合作伙伴的感谢（如 Amazon has done a great job of pioneering this functionality with their kindle. And we're going to stand on their shoulders and go a bit further. 亚马逊通过其 Kindle 在开拓这一功能方面做得非常出色。而我们将在他们的基础上更进一步。），这些都是遵守社会规范的表现。

　　文化语境在商务英语产品推介演讲中的作用不可忽视。它决定了演讲者如何根据不同的交际目的选择合适的体裁和表达方式来完成交际意义的传递。在乔布斯的 iPad 产品推介演讲中，我们可以看到文化习俗、生活习惯、思维方式和社会规范如何共同作用于演讲的内容和形式，从而使得演讲不仅传递了产品信息，还成功地契合了目标受众的文化背景和期望。

## 二、情景语境

　　情景语境关注的是话语发生的具体场合，涵盖话语的主题、气氛和表达手段，这些要素与语言的三种核心功能——概念功能、人际功能和语篇功能——紧密相连。具体而言，情景语境的三个关键变量包括：

　　（1）语场（field）：涉及话语的主题或活动类型，与语言的概念功能相联系，关乎信息内容和专业领域。

　　（2）语旨（tenor）：涉及交流者之间的互动性质和社会地位，这与语言的人际功能相关，体现了话语中的人际动态和社会互动。

　　（3）语式（mode）：涉及话语的呈现手法，无论是口头还是书面，直接还是间接，都与语言的文本功能相呼应，关系到话语的结构布局和传达方式。

　　这三个关键变量不仅塑造了语篇的语言风格和语义特点，还对理解和分析语篇提供了方向。通过审视语篇的情境背景，可以更精确地预见和解读语篇的语义和语言表现形式。

在商务英语演讲的产品推介环节中，情景语境的分析至关重要，它涉及语篇发生的具体环境。

首先，语场作为情景语境分析的核心要素，对于理解商务英语演讲中的产品推介至关重要。在史蒂夫·乔布斯极具传奇色彩的 iPad 产品推介演讲中，话语范围集中围绕科技产品的发布和市场营销活动。这一特定的领域直接关联到语言的概念功能，即语言如何用来表达现实世界中的经验和现象。在演讲中，话语范围的具体体现涵盖了产品信息、技术规格、市场定位以及用户体验等多个层面（如 Now I'd like to talk about wireless networking. Every iPad has WiFi in it, the latest and greatest WiFi, but we're also going to have models of iPad with 3G cellular wireless data builtin as well as WiFi. 现在我想谈谈无线网络。每台 iPad 都内置了 WiFi，而且是最新、最先进的 WiFi，但我们也会推出同时内置 3G 蜂窝无线数据和 WiFi 的 iPad 机型。）。

乔布斯在演讲中，还通过对 iPad 的深入剖析，详细阐述了其功能特点和应用场景，从而清晰地界定了话语的主题和活动领域。他不仅介绍了 iPad 的硬件配置和软件功能，还展示了产品如何在实际生活中为用户带来便利和愉悦。从高清显示屏到多任务处理能力，从直观的用户界面到丰富的应用程序生态，乔布斯逐一揭示了 iPad 的独特卖点，为听众构建了一个全面而立体的产品概念。

在这个过程中，话语范围的作用在于确保信息的传递具有针对性和准确性。乔布斯通过精心挑选的案例和生动的叙述，不仅让听众对 iPad 的技术优势有了深刻认识，还让他们对产品的市场定位和潜在价值有了直观感受。这种对话语范围的有效把握，使得演讲内容紧密贴合听众的知识需求和兴趣点，从而大大提升了演讲的吸引力和说服力。综上，乔布斯的 iPad 产品推介演讲在话语范围的选择和呈现上，为我们提供了一个经典案例，展示了如何在商务英语演讲中通过精确界定话语范围来有效传递产品信息。

其次，语旨在商务英语演讲的情景语境中扮演着至关重要的角色，它揭示了参与者之间的社会关系和互动模式。在产品推介演讲的特定情境下，话语基调不仅塑造了演讲者与听众之间的互动氛围，而且反映了双方的专业性和相互尊重。在史蒂夫·乔布斯那场著名的 iPad 产品推介演讲中，他以其苹果公司创始人和领导者的身份［如伴随着大屏幕上展示出其在公司初创阶段的工作场景图片，乔布斯满怀感慨地说："We started apple in 1976."（我们于 1976 年创立了苹果）］，巧妙地设定了一种权威与信任的话语基调。

乔布斯在演讲中，他的言辞选择和表达方式无不体现出他对科技领域的深刻理解和对产品的热情。他不仅分享了苹果公司的创新理念和技术突破，还以平易近人的语言风格，使得复杂的技术内容变得易于理解，从而使演讲内容在专业性和互动性之间找到了平衡。他的话语基调既彰显了他在科技行业的权威地位［如使用陈述句言辞确凿地肯定 Apple 公司产品的领先地位：It was the first laptop that had a TFT screen, the first modern LCD screens. It was the first laptop that pushed the keyboard up, creating palm rests and had an integrated pointing device, in this case, a trackball. （这是第一台配备 TFT 屏幕，即第一代现代 LCD 屏幕的笔记本电脑。它也是第一台将键盘上推、形成手掌托，并配备了集成指向设备 – 轨迹球 – 的笔记本电脑）］，又没有让听众感到距离感［如祈使句和反问句的频繁使用：Now let me show you video. （让我给你展示一段视频）；Isn't that incredible? （真是令人难以置信，是吧）］，这种独特的互动方式与语言的人际功能紧密相连，有效地促进了信息的传递和听众的接受。

在演讲过程中，乔布斯通过幽默诙谐的言语、亲切的语气以及直接的眼神交流，与听众建立了情感上的联系。他不仅讲述了产品的技术优势，还分享了苹果团队的幕后故事，这样的叙述方式让听众感受到了演讲者的真诚和对产品的信心。这种话语基调的运用，使得演讲不再是单向的信息输出，而是一场双向的交流互动，听众在获取信息的同时，也能感受到演讲者的个性和魅力。因此，乔布斯的演讲不仅成功地推广了新产品，还加强了苹果品牌与消费者之间的联系，展现了话语基调在商务英语演讲中的重要作用。

最后，语式作为情景语境分析的一个重要维度，关注的是话语的表达形式，它包括口头表达、视觉辅助、互动环节等多种手段。在史蒂夫·乔布斯精彩绝伦的 iPad 产品推介演讲中，话语方式的选择与应用与语言的篇章功能紧密相连，这体现在他如何巧妙地组织语言和视觉材料来构建整个演讲的篇章结构。

乔布斯的演讲采用了口头陈述与多媒体展示相结合的方式，这种多模态的表达手段使得信息的传递既直接又生动。他不仅通过清晰、有力的语言来阐述产品的特点和优势，还利用精心设计的幻灯片、视频短片和实时产品演示来增强信息的直观性和说服力。这种话语方式的选择，不仅极大地提升了演讲的吸引力，也让信息的组织和表达变得更加高效和有序。

在演讲中，乔布斯的话语方式充分发挥了视觉辅助的作用，每一张幻灯片都简洁明了，突出关键信息，与他的口头陈述相辅相成。他通过互动环节，如邀请现场观众参与体验新产品的功能，进一步打破了传统演讲的单调模式，使得整个演讲过程更加活跃和引人入胜。这种互动不仅让听众感受到了产品的实际价值，也让他们成为演讲的一部分，从而加深了对演讲内容的记忆和理解。

总之，乔布斯在 iPad 产品推介演讲中对话语方式的精心设计，不仅展现了他在演讲技巧上的高超水平，也体现了他对听众需求和心理的深刻洞察。他的演讲通过多模态的融合，有效地提升了信息的传递效率，为商务英语演讲中的产品推介树立了一个难以逾越的标杆。

综上所述，情景语境的三个关键变量——语场、语旨、语式，在商务英语产品推介演讲中起着决定性作用。乔布斯的 iPad 产品推介演讲通过精确界定话语范围，建立恰当的话语基调，以及选择合适的话语方式，不仅成功地传递了产品信息，还确保了演讲的流畅性和说服力。通过对情景语境的分析，我们可以更深入地理解演讲的语言形式和语义特征，以及它们如何共同作用于听众的理解和反应。

## 第四节　意义层面分析

　　系统功能语言学视语言为社会意义的构建工具，该理论提出，语言的意义构建可通过三个元功能（概念功能、人际功能和语篇功能）来解析，分别是概念意义、人际意义和语篇意义。

　　概念意义涉及语言如何表现现实世界，细分为经验功能和逻辑功能，分别处理世界现象的描述及其间的逻辑关系；人际意义探讨语言在社交互动中的作用，如表达个人立场、情感及对他人施加影响，通过语法元素如语气和情态来体现；语篇意义则聚焦于语言材料的组织，确保文本的连贯性，涵盖主题、信息和衔接等子功能，以维系文本结构的整体性。

　　系统功能语言学强调，理解语言使用的社会语境是关键，不仅关注语言结构，更着眼于功能与环境的关系。借助这三个元功能的分析，可以揭示文本深层意义、作者目的以及与读者的互动。

　　概况而言，本章重点分析的案例——乔布斯 iPad 新品发布演讲——主要表达了以下三个维度的意义：概念意义方面，演讲稿清晰地展现了 iPad 的功能和优势，如其卓越的浏览网页体验、强大的电子邮件处理能力、丰富的多媒体娱乐功能以及便捷的办公应用（如 I can look at any photo like this by tapping on it. Again turn it from portrait to landscape, and just flick through my photos. It's that simple. 我只需轻点一下，就可以这样查看任何照片。再次把它从竖屏转成横屏，然后快速浏览我的照片。就是这么简单。）这些描述帮助观众理解 iPad 的概念意义，即其在技术、功能和体验上的独特之处。人际意义方面，乔布斯表达了对 iPad 的信心和激动，并与观众建立了良好的互动关系。这种亲切的语气和互动性（如 Just push. Start slideshow. You get the idea. Isn't that cool? 只需轻轻一推，就开始幻灯片播放。你明白了吧。是不是很酷？），增强了演讲的感染力，使观众更容易产生共鸣和购买欲望。语篇意义方面，演讲稿通过运用 and、so 等连接词、that 等指称代词确保了语篇的衔接与连贯（如 I hit the play button, and once I do that. We're now presenting, and I can advance slides by either tapping or swipe right to go forward or left to go back. So I tap go to the next slide tap to bring up that chart. 我点击播放按钮，然后我们现在就开始演示了，我可以通过点击或者向右滑动来进入下一页，向左滑动则返回上一页。所以我点击一下跳到下一页，再点击一下就可以调出图表。）有效地传达了 iPad 的信息。这种结构化的语言表达，不仅使演讲内容更加清晰，也提升了演讲的整体效果，使观众更容易理解和接受 iPad 的信息。

那么，上述三个维度的意义是如何在形式层面体现的？笔者将从语篇、语法、词汇三个层面具体分析。

## 第五节　形式层面分析

### 一、语言

#### （一）语篇层次

1. 语篇结构

根据钱尼和马丁（Chaney L H and Martin J S, 2007）的研究，作为商务展示的一种，产品推介演讲包括三个部分：引言、主体和结束语。以乔布斯苹果 iPad 新品发布演讲为例，可以根据其内容细分为以下几个版块（见表 4-1）：开场白（乔布斯简单介绍自己和演讲主题，并为观众表示感谢）、公司大事件（乔布斯回顾了苹果公司在 iPod、零售店和 App Store 方面的成就，展示了苹果的强大实力和增长速度）、介绍 iPad（乔布斯指出笔记本电脑和智能手机已经占据了市场的主导地位，讨论第三类设备的可能性，详细介绍 iPad 的外观设计、硬件配置和软件功能等，演示 iPad

在浏览网页、收发邮件、查看照片、观看视频、欣赏音乐、玩游戏、阅读电子书等方面的应用)、介绍 App Store（苹果软件高级副总裁斯科特·福斯托尔、四家软件合作开发公司代表、乔布斯和产品营销高级副总裁菲尔·席勒依次上台介绍 App Store 运行情况，介绍 iPad 如何运行 iPhone 应用程序，并展示几个专为 iPad 设计的应用程序，如纽约时报的 iPad 版应用程序、Brushes 应用程序，以及 iBook 和 iWork 套件)、iPad 的价格和发布时间、总结与展望。

表 4–1　　　　　　　　iPad 新品发布演讲语篇结构

| 序号 | 主版块 | 子版块 |
|---|---|---|
| 1 | 开场白 | （无） |
| 2 | 公司大事件 | （1）iPod |
| | | （2）零售店 |
| | | （3）App Store |
| 3 | 介绍 iPad | （1）第三类设备可能性 |
| | | （2）iPad 概述（外观设计、硬件配置和软件功能） |
| | | （3）iPad 演示（浏览网页、收发邮件、查看照片、观看视频、欣赏音乐、玩游戏、阅读电子书等） |
| 4 | 介绍 App Store | （1）App Store 运行情况 |
| | | （2）介绍 iPad 如何运行 iPhone 应用程序 |
| | | （3）纽约时报的 iPad 版应用程序 |
| | | （4）Brushes 应用程序 |
| | | （5）艺电有限公司（EA）游戏应用程序 |
| | | （6）iBook 应用程序 |
| | | （7）iWork 套件 |
| 5 | iPad 的价格和发布时间 | （1）公布数据包价格 |
| | | （2）公布全球发布时间 |
| | | （3）公布 iPad 各型号价格 |
| 6 | 总结与展望 | （1）视频总结 |
| | | （2）现场结束语 |

## 2. 语篇衔接手段分析

在系统功能语言学领域，语篇连贯依赖于衔接，即各语言单位间的语义关联。这一机制通过多种策略，将语篇的不同部分联结成统一体。衔接的手法可分为五类，分别是指称、替代、省略、连接和词汇衔接。其中，指称是指通过代词等回指语篇内的其他元素；替代是指以词语替换，避免内容重复；省略意为省去可由语境推测的语言单位；连接表示运用连词来展示句子间的逻辑；词汇衔接则是利用词项复现、同义词及上下义词建立语义链接。

iPad 产品推介演讲内容约 12,000 字，包括 1,253 个小句，经笔者逐句阅读、标记，共计 2,738 处衔接手段。表 4-2 中列出了出现频次超过 50 次的衔接词，体现了产品推介演讲语篇具有如下特点。

表 4-2　　iPad 新品发布演讲主要衔接词列表（频次 >50）

| 衔接词 | 频次 | 衔接词 | 频次 |
| --- | --- | --- | --- |
| And | 495 | I（Steve Jobs） | 148 |
| You | 361 | I（Phil Schiller） | 124 |
| We | 328 | Applications | 68 |
| But | 263 | Mobile Devices | 62 |
| the iPad | 189 | | |

第一，一种典型的衔接链是以"and"链为代表的连词链。以下提供的样本 4-1 和样本 4-2 均摘自 iPad 产品推介演讲的第四部分。在这一环节中，四位合作厂商被特邀参与 iPad 应用程序的开发，并分享了他们对 iPad 进行的性能测试结果。特别值得一提的是，Brushes 应用程序的开发厂商以及艺电有限公司的负责人的发言中均运用了连词（在例句中用斜体突出显示）这种衔接手段。

样本 4-1：Brushes is a simple *yet* powerful planning application designed for the iPhone artists of all skill levels…These paintings have appeared on the web and galleries *and* even print.（Brushes 是一款简单却功能强大的规划应用程序，专为各技能水平的 iPhone 艺术家设计……这些画作已经出现在网络上、画廊中，甚至被印刷出版。）

样本 4-2：Hey, everybody. *So* Apple invited us to come on site *and* work with them on the iPad. We couldn't have been more excited, *but* as gamers, the first thing we want to check out was this device's performance. And what better game than *Need for Speed*? *Now* as you can see here we have a gorgeous 3D version of the BMW M3 GT displayed on this huge display. What you are going to see next took us a very short period of time to get up *and* run on the device. *And* the reason why that's important is that means we are going to be able to bring all of our other great EA games from the App store to this device in not time. Now we've made games for consoles *and* we've made games for the iPhone *but* building for the iPad is something completely different.（嘿，各位。苹果公司邀请我们到现场，与他们一起为 iPad 开发游戏。我们激动不已，但作为游戏玩家，我们最想测试的就是这款设备的性能。还有什么游戏比《极品飞车》更能检验性能呢？现在，你们可以看到，在这块巨大的显示屏上，我们展示了一款华丽的 3D 版宝马 M3 GT。接下来你们将看到，我们只用了极短的时间就在设备上运行起来了。这之所以重要，是因为这意味着我们将能够很快地把我们在 App Store 上的所有精彩 EA 游戏带到这个设备上。我们曾为游戏机开发过游戏，也为 iPhone 开发过游戏，但为 iPad 开发则完全是另一回事。）

如样本 4-1 所示，Brushes 演讲者史蒂夫·斯普兰格（Steve Sprang）使用了"yet—and—and"的衔接链，通过"yet"展现了应用虽简单却功能强大的对比特性，紧接着用两个"and"顺畅地连接起画作在不同平台（网络、画廊、印刷品）上的展示，增强了叙述的连贯性和信息的丰富性。

样本 4-2 中的艺电演讲者特拉维斯·博特曼（Travis Boatman）则调用了更为丰富的连词资源——"So—and—but—And—as—and—And—and—

but"，构建了一个既逻辑清晰又情感饱满的演讲段落。他以"So"开头，引出苹果公司邀请合作的背景，紧接着用"and"自然过渡到合作的兴奋之情；随后"but"作为转折，强调作为游戏开发者对性能的关注，并用"And"引出将《极品飞车》作为性能测试的游戏选择，展现了演讲内容从期待到实践的流畅过渡。在展示游戏效果时，他连续使用多个"and"，不仅加快了叙述节奏，还强化了游戏快速适配 iPad 的成就感；而"as"和"but"的交替使用，则巧妙地平衡了技术展示的客观性与对未来合作的期待之间的情感转换，使得整个演讲既专业又不失激情。

第二，另一种典型的衔接链是指称类的"you"链、"I"（指乔布斯和斯科特·福斯托尔）链和"we"链，分别代表演讲者所面对的观众（以及演讲者之前互相指称）、演讲者自我（乔布斯和斯科特·福斯托尔的出现次数较多）以及演讲者所在的苹果公司。"you"链、"I"链和"we"链在演讲全文中累计出现的次数高达 909 次，如此高频率的使用人称指称的方式作为衔接手段符合商务研究口语语式的特征。通过"you"链、"I"链和"we"链等衔接手段，乔布斯将观众、演讲者和苹果公司紧密地联系在一起，建立了一种互动关系。这种互动关系有助于增强演讲的感染力，并使观众更容易产生共鸣。此外，"we"链等衔接手段的高频使用有助于强调苹果公司的共同身份，并表达了团队协作的精神。这种强调有助于提升苹果公司的形象，并增强观众的归属感。

以苹果软件高级副总裁斯科特的发言为例：You can see that's what we did for all of our applications. We rewrote the user interface of every one of our apps to take full advantage of this large touchscreen display that comes with the iPad…, and we expect developers are going to want to do the same thing. So to that end, we've enhanced the iPhone SDK to now support development for the iPad as well. And we're releasing this SDK today.［你可以看到，我们对所有应用程序都采取了同样的策略。我们重写了每个应用的用户界面，以充分发挥 iPad 配备的这块超大触控屏的优势……我们希望开发者们也能如此。因此，我们

升级了 iPhone 软件开发工具包（SDK），使其也能支持 iPad 应用的开发。今天，我们就将发布这个软件开发工具包。]

在该案例中，我们可以看到"we"构成了一条比较长的衔接链，不仅像一条线把语句串联起来，还表达了苹果公司的共同目标和愿景。例如，在提到重写应用程序界面以充分利用 iPad 的大触摸屏时，"we"表明了这是公司全体成员共同努力的结果，展现了公司对产品质量和用户体验的承诺。在提及"我们"对 iPhone 软件开发工具包进行了增强，并准备当天发布该工具包时，强调了苹果公司的决策和执行力，展示了苹果公司为支持开发者而采取的具体行动，同时也表明了对开发者社区的开放态度。

在 iPad 产品发布演讲中，"we"（我们）这个词的使用构建了一个强大的叙事框架，它不仅连接了演讲者与听众，还将他们融入到一个更大的故事中——一个关于创新、合作和未来愿景的故事。

"我们"代表的是苹果公司，一个以其革命性的产品和前瞻性的思维而闻名的实体。当演讲者说"我们为所有的应用程序都做了这件事"，他是在讲述一个关于团队工作和不懈追求卓越的故事。这句话背后的含义是，苹果公司不仅仅是一家公司，它是一个由分享相同理念和热情的个人组成的社区。

"我们"的含义还延伸到了开发者社区，这是一个对苹果生态系统成功至关重要的群体。当斯科特谈到他们对 iPad 开发的期待时，实则是在诚挚邀请开发者社区融入这一宏伟叙事，无形中接近了公司与合作伙伴之间的距离，促进了双方共同的身份认同与目标共识的形式。

通过衔接链，演讲者巧妙地编织了一张关系网，将观众、演讲者和公司紧紧地联系在一起，这不仅增强了演讲的情感吸引力，也让人们感受到他们是这个宏大计划的一分子。这种集体主义的叙述方式提升了公司的品牌形象，强化了团队的协同精神，并加深了人们对品牌的忠诚度和归属感。

第三，词汇衔接也在产品推介演讲语篇中扮演着至关重要的角色。案例分析所涉及的语篇摘自 iPad 新品发布会，其交际目的为宣传推介 iPad，因此，iPad、Applications（在 iPad 上运行的应用程序），以及 Mobile device（移动设备）也构成了相当令人瞩目的衔接链。iPad 出现了 189 次、应用程序出现了 68 次、移动设备出现了 62 次。

样本 4-3：Where does *Apple* get this revenue？ *It* gets it from three product lines, *iPods*, *iPhones* and, of course, *Macs*. Now what's really interesting about this is *iPods* are *mobile devices*, iPhones are all *mobile devices*, and most of the *Macs* that we ship now, our *laptops*, they are *mobile devices* too. *Apple* is a *mobile devices company*. That's what *we* do. *We* asked ourselves with 15 points six billion dollars of revenues last quarter. How does *Apple* stack up against all the other companies that sell *mobile devices*? And it turns out that, by revenue, *Apple* is *the largest mobile devices company* in the world now. It's amazing. *Apple* is larger than Sony's *mobile devices* business selling great *camcorders and digital cameras* and stuff that they make. It's bigger than Samsung's *mobile devices business* with all their *handsets* that they say they sell. And by revenue, it's even bigger the Nokia's *mobile devices* business with all the *handsets* that they sell. *Apple* is *the number one mobile devices company* in the world.（苹果公司的收入来源主要源自哪里呢？它主要得益于三大产品线：iPod、iPhone，以及当然不可或缺的 Mac 系列。更为引人瞩目的是，iPod、iPhone 均为移动设备，而我们目前所销售的 Mac 系列中的大多数产品，尤其是笔记本电脑，同样属于移动设备范畴。由此可见，苹果公司本质上是一家专注于移动设备的公司。这就是我们的主营业务。回顾上个季度，我们实现了 156 亿美元的营业收入，我们不禁自问：在与全球所有其他移动设备销售商的比较中，苹果公司的表现究竟如何呢？事实证明，从营业收入的角度来看，苹果公司如今已是全球最大的移动设备销售商。这着实令人惊叹。我们的规模已经超越了索尼的移动设备业务，要知道，索尼可是拥有诸多热销的摄像机、数码相机等产品的公司。我们的规模也超越了三星的移动设备业务，尽管三星声称自己销售着各类手机产品。而从营业收入的角度来

看,我们甚至超过了诺基亚的移动设备业务,诺基亚同样以销售各类手机产品而著称。综上所述,苹果公司已然成为全球排名第一的移动设备公司。)

在演讲第二部分——公司大事件——环节,演讲者多次以词汇复现和上下义词的方式建立语篇衔接。以样本4-3为例,存在以下衔接链:

(1)移动设备链:iPods—iPhones—Macs—iPods—mobile devices—iPhones—mobile devices—Macs—laptops—mobile devices—mobile devices—mobile devices—mobile devices—mobile devices—mobile devices—camcorders—digital cameras—mobile devices—handsets—mobile devices—handsets—mobile devices(iPods—iPhones—Macs—iPods—移动设备—iPhones—移动设备—Macs—笔记本电脑—移动设备—移动设备—移动设备—移动设备—移动设备—移动设备—摄像机—数码相机—移动设备—手机—移动设备—手机—移动设备)

(2)"Apple"链:Apple—it—we—Apple—a mobile devices company—we—we—ourselves—Apple—Apple—the largest mobile devices company—Apple—it—it—Apple—the number one mobile devices company(Apple—它—我们—Apple——家移动设备公司—我们—我们—我们自己—Apple—Apple—最大的移动设备公司—Apple—它—它—Apple—排名第一的移动设备公司)

移动设备链中,演讲者以 iPods、iPhones、Macs 等具体产品为起点,通过原词重现和下义词(如摄像机、数码相机、手机等)的方式,逐步展开对移动设备的全面阐述。这种衔接方式不仅使听众能够清晰地理解苹果公司在移动设备领域的广泛布局,还强调了苹果产品在移动设备市场中的重要地位。

同时,在"Apple"链中,演讲者通过词汇衔接(如 Apple 的多次复现)和指称(如 it、we、ourselves 等代词的使用)的方式,进一步强化了苹果公司的品牌形象和核心地位。这种衔接手段不仅使演讲内容更加紧凑和连贯,还使听众能够更加深刻地感受到苹果公司的自信和实力。

值得注意的是,演讲者在构建这两个衔接链时,并没有简单地堆砌词汇，而是巧妙地将其融入到演讲的语境中，使听众能够在自然流畅的语言环境中理解并接受这些信息。这种高超的衔接技巧不仅提升了演讲的吸引力，还使听众对苹果公司的产品和服务产生了更加深刻的印象。

可见，词汇衔接在产品推介演讲语篇中是一种非常重要的衔接手段。通过巧妙地运用原词重现、下义词和指称等方式，演讲者可以构建出清晰、连贯、有感染力的演讲语篇，从而有效地传达产品信息、塑造品牌形象并激发听众的购买欲望。在 iPad 新品发布会的演讲中，演讲者成功地运用了这一策略，为苹果公司的市场推广和产品宣传做出了积极的贡献。

第四，和产品销售信函不同，产品推介演讲的语篇中存在不少外指称词。乔布斯在 iPad 产品推介演讲中说了这么一句话："I chuckled when I saw *this*"（我一看到**这个**就笑了）。如果仅听到这句话，听众会感到很困惑，不知道演讲者所谓的"this"指的是什么，而作为兼具时效性和互动性的产品推介演讲，这种指称手段极为常见。在说这句话的同时，演讲者展示了一段《华尔街日报》的引文——"Last time there was this much excitement about a tablet, it had some commandments written on it"（上次人们对石板/平板如此兴奋的时候，上面写了一些戒律）——和一幅画作（该画为 19 世纪美国画家约翰·柯林斯的作品，描绘了摩西接受十诫的场景，画面中摩西站在山顶上，头上有一道闪电划破天空，他手握石板，上面刻着上帝给予的律法，周围有一些信徒在跪拜祈祷）。

通过这种外指的指称方式，结合图像和文字的多重信息，演讲者成功地构建了一个既符合语境又清晰明了的幽默表达。观众在看到画作和听到引文的那一刻，立刻明白了"this"所指代的是 iPad 的发布与摩西接受十诫的历史性时刻之间的巧妙对比。这种幽默不仅让现场气氛活跃，也让 iPad 的推出显得更加意义非凡，仿佛是一场现代技术与古老智慧的完美邂逅。演讲者的这种表达方式，不仅展现了他的演讲技巧，也体现了他在传递信息时的匠心独运和对听众认知习惯的深刻理解。

在另外一个场景，随着画面上 iPad 的亮相，演讲者以骄傲而庄严的语气宣布："*This* is what *it* is like"（这就是它的样子）。在这句话中，

"this"和"it"这两种衔接手段都巧妙地指向了画面中的 iPad。在深入探讨了除了平板电脑和 iPhone 之外的第三类设备的可能性,并且对竞争对手的 Netbook 产品性能进行了批判之后,演讲者适时地揭晓了 iPad 的真面目。

这里的"this"作为一种外指词,直接将观众的注意力引向了新品,它不仅指代了 iPad 本身,也象征着苹果公司对未来科技的一次大胆预言和实现;而"it"则是对前文提到的第三类设备的概念性指代,它不仅回顾了之前的讨论,也为新品的推出做了完美的铺垫。

演讲者的这一表述,不仅简洁有力,而且充满了期待和信心。他通过这两个简单的词汇,将 iPad 的介绍与之前的论述紧密相连,使得新品的推出水到渠成,既符合语境的连贯性,又清晰地传达了新品的独特价值。iPad 的亮相,不仅是一个新产品发布的瞬间,更是一个创新理念和技术突破的宣言,它宣告了苹果公司在个人移动设备领域又一次引领潮流的决心和实力。

第五,和外指相伴而生的一种现象就是省略,省略也是演讲类语篇的一大特征。配合着大屏幕上具体事物的呈现,案例中的 iPad 产品推介演讲中有不少类似"(It) looks like this""(It is) very simple""(It is) the best advice I've ever seen for enjoying sharing photography""(It is) great for enjoying your music collection"的句子。

在产品推介演讲中,省略作为一种衔接手段,其作用和效果是多方面的。首先,省略可以减少语言冗余,使信息传递更加直接和高效。例如,当演讲者在演讲中使用类似"(It) looks like this"的句子时,通过省略主语和谓语,直接将观众的注意力聚焦于屏幕上展示的产品特性,而不是语言本身。其次,省略能够增强语言的节奏和韵律。在演讲中,适时的省略可以使语言更加简洁有力,增加语言的冲击力和说服力。例如,"(It is) the best advice I've ever seen for enjoying sharing photography"中的省略,使得句子更加流畅,强调了对产品的评价,而不是主语和谓语的重复。最后,省略还可以作为一种修辞手法,用以突出某些信息或情感。在产品推介中,省略可以使产品特点或优势更加突出,从而加深听众的印象。例如,

"(It is) great for enjoying your music collection"中的省略,使得形容词"great"更加突出,强调了产品在音乐享受方面的优势。

省略在演讲类语篇中作为一种重要的衔接手段,不仅能够提高信息传递的效率,还能够增强语言的节奏感和说服力,同时建立起演讲者与听众之间的共享语境,从而有效地促进了产品信息的传播和品牌形象的塑造。

(二)语法层次

1. 及物性

在系统功能语言学框架下,及物性是展现经验功能的语义系统。这一系统通过分析动作、角色和情境的语义框架来描绘人类经验,它由参与者、过程和环境这三个核心元素组成,其中,过程是中心,与参与者和环境形成互动。

及物性系统将过程划分为六种类型:物质、关系、心理、行为、言语和存在过程。每种类型对应特定的经验和意义,例如:物质过程涉及动态动作,关系过程描述状态,心理过程则关乎思维感受。

此系统不仅展现了语言如何构建经验,还突出了编码的多样性和选择性。说话人可依情境选用不同的符号来传达信息,使得及物性成为语言特征分析的关键。

如表 4-3 所示,在本章分析的 iPad 产品发布演讲案例中,共计 1,253 个小句,其中有 592 个物质过程、342 个关系过程、104 个心理过程、92 个行为过程、72 个存在过程和 24 个言语过程。

表 4-3 　　　及物过程在产品推介演讲各部分的分布情况

| 序号 | 主版块 | 物质过程 | 行为过程 | 关系过程 | 心理过程 | 存在过程 | 言语过程 |
| --- | --- | --- | --- | --- | --- | --- | --- |
| 1 | 开场白 | 0 | 0 | 0 | 0 | 0 | 0 |
| 2 | 公司大事件 | 14 | 3 | 24 | 3 | 1 | 1 |
| 3 | 介绍 iPad | 152 | 37 | 99 | 18 | 20 | 7 |
| 4 | 介绍 App Store | 298 | 41 | 145 | 57 | 22 | 13 |

续表

| 序号 | 主版块 | 物质过程 | 行为过程 | 关系过程 | 心理过程 | 存在过程 | 言语过程 |
|---|---|---|---|---|---|---|---|
| 5 | iPad 的价格和发布时间 | 121 | 11 | 64 | 18 | 25 | 3 |
| 6 | 总结与展望 | 7 | 0 | 9 | 8 | 5 | 0 |
| 7 | **总计** | **592** | **92** | **342** | **104** | **72** | **24** |

从表4-3可以看出，开场白中包含0个及物过程，由于开场白部分较为简短，主要由表达人际功能的句子如"Thank you""Good morning"等组成，因此不做及物结构分析。

产品推介演讲的第二部分是关于公司近期的三个重大成就（苹果公司已销售250,000,000部iPod、已有284家门店、App Store上的应用程序已达140,000个），旨在向听众展示公司的实力和市场地位。这部分共计46个及物过程，其中24个为关系过程（占52.2%）、14个物质过程（占30.4%）、3个行为过程（占6.5%）、3个心理过程（占6.5%）、1个存在过程（2.2%）和1个言语过程（2.3%）。

通过统计及物过程的类型及其占比，我们发现关系过程在这一环节中占据了主导地位，占比高达52.2%。这一结果不仅揭示了关系过程在产品推介演讲中的重要性，也体现了其在传达信息和构建听众认知方面的独特作用。例如：

样本4-4：The first is an update about iPod.（近期第一件公司大事是关于iPod的。）

样本4-5：It is so wonderful to be putting these stores with their phenomenal buying experience right in the neighborhoods of our customers.（将这些拥有卓越购物体验的店铺开设在我们客户的社区附近，真是太棒了。）

关系过程在样本4-4和样本4-5中得到了充分体现。样本4-4通过关系过程将近期第一件公司大事与iPod联系起来，明确了信息的主题和焦点，这种联系使得听众能够迅速抓住重点，理解公司近期在iPod方面的进展。样本4-5同样运用了关系过程,将"开设这些店铺"与"拥有卓越购物体验""在客户社区附近"等属性相联系,这种表述方式不仅强调了店铺的优越性和便利性,还通过情感化的语言("so wonderful")增强了听众的共鸣和认同感。

产品推介演讲的第三部分为演讲的主体部分,在这一环节,演讲者详细介绍了 iPad 的外观设计、硬件配置和软件功能,并演示了 iPad 在浏览网页、收发邮件、查看照片、观看视频、欣赏音乐、玩游戏、阅读电子书等方面的具体应用。该部分共有 333 个及物过程,其中 152 个为物质过程(占45.6%)、99 个关系过程(占 29.7%)、37 个行为过程(占 11.1%)、18 个心理过程(占 5.4%)、20 个存在过程(6.0%)和 7 个言语过程(2.1%)。例如:

样本 4-6: You can change the background screen and the home screen to personalize it any way you want. (你可以更改背景屏幕和主屏幕,以任何您想要的方式个性化设置它。)

样本 4-7: You can turn iPad any way you want up down sideways. (你可以随心所欲地旋转 iPad,上下左右都可以。)

物质过程是指涉及物理世界中的行动、事件或状态的过程,它通常包括动作的执行、事件的发生或事物状态的改变。物质过程通常涉及动态的行为,可以由动词来表示,并且通常会有参与者(如行动者或受事者)。样本 4-6 所示的小句中,物质过程是"change",它表示演讲者可以进行的操作,行动者是隐含的"you",目标是被改变的对象,即"the background screen"和"the home screen",这个物质过程在句子中的作用是描述 iPad 的一个个性化功能,即用户可以根据自己的喜好来改变屏幕背景和主页屏幕,从而突出 iPad 的用户友好性和个性化设置。

样本 4-7 所示的小句中,物质过程是"turn",它描述了用户可以将 iPad 进行旋转的动作,行动者是隐含的"you",而目标则是"iPad"。这个物质过程的作用是强调 iPad 的多功能性,用户可以根据自己的需求来调整设备的方向,无论是向上、向下还是横屏,都体现了 iPad 的灵活性和适应不同使用场景的能力。

在这场产品推介会的关键环节中,演讲者的主要目标是向观众全面展示 iPad 的强大功能和无与伦比的用户体验。物质过程在此部分内容中的突出地位,其原因和合理性不言而喻。

首先,物质过程的直观性使得产品的操作步骤一目了然,观众能够迅速掌握如何与 iPad 互动。通过"改变背景""旋转设备""按住图钉"等一系列动作的描述,我们不仅展示了 iPad 的操作便捷性,也让观众对其功能有了更加直观的认识。其次,物质过程的强调,凸显了 iPad 的互动特性,这是现代电子产品的核心竞争力之一。通过详细描绘用户与 iPad 之间的互动,演讲者向观众传达了一个信息:iPad 不仅是一个静态的电子设备,而且是一个能够根据用户需求提供个性化体验的智能伙伴。再次,物质过程的丰富描述,有助于演讲者突出用户体验的重要性。在当今市场,用户体验往往是决定消费者购买决策的关键。通过展示 iPad 在浏览照片、播放音乐、制作幻灯片等方面的应用,演讲者不仅激发了观众的好奇心,也让他们预见了使用 iPad 的愉悦体验。最后,物质过程的高占比,正是因为它们与 iPad 的功能性紧密相连。在推介会上,功能性是产品介绍的重中之重。通过这些物质过程的详细阐述,演讲者成功地展示了 iPad 的多功能性,让听众对其有了更深入的了解。同时,物质过程的前景化也是市场定位策略的一部分。iPad 作为一款高端、多功能的移动设备,其功能的全面展示有助于巩固其在市场中的地位,并证明其对于用户的独特价值。

综上所述,物质过程在此部分的突出表现是合理且必要的。它有效地服务于演讲者的交际目的,即通过展示 iPad 的实际操作和多样化功能,吸引并说服潜在买家,从而推动产品的销售增长。

在介绍 iPad 的过程中,关系过程的使用也极为频繁。例如:

样本 4-8:It is just gorgeous right in the palm of your hand.(它就躺在你的掌心里,简直美极了。)

样本 4-9:It is very nice calendar and great contacts application great address.（这是一款非常棒的日历应用，同时它的联系人功能和地址功能也很出色。）

如样本4-8所示，这句话中的关系过程体现了iPad与用户之间的紧密关系。通过使用"gorgeous"这个词，关系过程强调了iPad的美观性和用户对它的直观感受。这里的"gorgeous"不仅是形容词，也是一种关系过程的体现，它将iPad的美观性与其在用户手中的存在联系起来，从而增强了用户体验的描述。样本4-9中的关系过程则被用来描述iPad的多个功能（日历、联系人应用、地址功能）的特点。通过使用"very nice"和"great"这些形容词作为关系过程的体现，强调了iPad各项功能的卓越性。这种描述不仅展示了iPad的多功能性，还强调了其在不同方面的优异表现。在这两个例子中，关系过程的使用有助于强调iPad的特性和用户对它的感受，从而在介绍iPad的过程中起到了增强描述和提升用户体验的作用。通过这种方式，关系过程不仅提供了关于iPad功能性的信息，还加深了用户对产品的认同感。

此外，与演讲前两部分相比，行为过程的占比有明显增加。行为过程通常涉及描述非人类实体的行为，如自然现象、植物的生长、动物的行为等。在产品推介会的语境中，行为过程可以用来描述产品的功能、操作步骤以及与用户的互动。例如：

样本4-10：Let's take a look at our music collection built in iPad.（让我们来看一下iPad中内置的音乐收藏吧。）

样本4-11：Now if you look in the bottom right corner of the screen, there's a button that says 2x.（现在，如果你看一下屏幕右下角，有一个写着"2x"的按钮。）

在样本4-10中的小句中，行为过程体现在"take a look"这个短语上，它描述了演讲者邀请观众进行的一个观察行为。这里的"take a look"作为行为过程，强调了iPad的功能性，即用户可以轻松地浏览和探索内置的音乐收藏。这种行为过程的描述有助于增强用户体验的直观感受，使观众能够更好地理解产品的使用场景。在样本4-11中，"look"是行为过程的关键词，它指导用户进行一个具体的操作行为，即查看屏幕的特定部分。这种行为过程的描述不仅提供了操作指导，还强调了iPad界面的用户友好性。通过指出具体的按钮位置和功能，行为过程在这里起到了强调产品易用性和功能性的作用。

总的来说，在这两个例子中，行为过程的使用有助于强调iPad的操作简便性和功能特点，从而在介绍iPad的过程中起到了增强用户体验和产品展示的作用。通过描述具体的操作行为，行为过程使演讲内容更加生动、直观，有助于观众更好地理解和记忆产品的特点。

iPad产品推介演讲的第四部分是对App Store的介绍。在展示完iPad主要功能之后，乔布斯邀请了苹果软件高级副总裁斯科特介绍App Store的情况，斯科特讨论了App Store的成功，并介绍了iPad如何运行iPhone应用程序，并邀请纽约时报等几家公司的软件开发人员展示专为iPad设计的应用程序。此环节共涉及536个过程，其中，物质过程共258个（48.1%）依然占据绝对优势，145个关系过程（27.1%），57个心理过程（10.6%），41个行为过程（7.6%），22个存在过程（4.1%），以及13个言语过程（2.4%）。

除了在第三部分已有较高占比的物质过程和关系过程外，该环节的心理过程较前文有明显增多，说明此部分更加注重于演讲者与听众之间的心理互动和感受传达。通过描述用户如何感知和体验iPad的各项功能，心理过程的使用有助于建立起听众对产品的情感联系，使得产品介绍不仅停留在功能层面和操作层面，而是深入到用户的心理体验中。这种情感层面的沟通，不仅增强了演讲的吸引力，也让听众更容易产生共鸣，从而提高了产品推介的效果。例如，演讲者可能会描述用户在使用iPad时的愉悦感、便利感或者是对某个功能的好奇心，这些都是心理过程的体现，它们在产品推介中起到了至关重要的作用。例如：

样本4-12：Now we have made games for consoles（物质过程）and we've made games for the iPhone（物质过程），but building for the iPad is something completely different（关系过程）.（现在我们已经为游戏机开发了游戏，我们也为 iPhone 开发了游戏，但为 iPad 构建应用程序完全是另一回事。）

样本 4-13：We developed an application for the iPhone that has been downloaded over 3 million times（物质过程），and we optimize that for that device（物质过程），and now we **want to do**（心理过程）the same thing for the iPad creating something that joins the best to print with the best of digital all rolled up into one something that you can really immerse yourself in lean back and enjoy（物质过程）.（我们为 iPhone 开发了一款应用程序，下载量超过了 300 万次，我们对该设备进行了优化，现在，我们想在 iPad 上也实现同样的目标，创造出将最佳的印刷效果与最佳的数字效果集于一体的产品，让你完全沉浸其中，可以惬意地享受。）

样本 4-14：As gamers, the first thing we want to check out was this device's performance（心理过程）.（作为游戏玩家，我们首先想检查的就是这款设备的性能。）

根据系统功能语言学的定义，物质过程涉及实际的物理行为或事件，关系过程涉及实体之间的关系或属性，而心理过程涉及感觉、思考或意愿等心理活动。样本 4-12 出现了两种及物过程，其中，"made" 是物质过程，描述了开发游戏的行为；"is something completely different" 是关系过程，这里用来描述 iPad 应用程序构建与之前为其他平台构建游戏的不同之处。在这句话中，物质过程展示了开发者为不同平台创建内容的经验，而关系过程强调了 iPad 的独特性和开发 iPad 应用程序的新颖性，这有助于突出 iPad 平台对开发者的吸引力。

样本 4-13 中，"developed""optimize""immerse" 都是物质过程，描述了开发、优化应用程序的行为和该应用程序能为用户带来的便捷和舒适；"want to do" 是心理过程，表达了开发者对为 iPad 开发应用程序的意愿。其中，物质过程展示了开发者的专业能力和对产品优化的重视，而心理过程揭示了开发者对 iPad 平台的兴趣和期望，这增强了听众对 iPad 应用程序质量和体验的信心。

样本 4-14 中，"want to check out" 是心理过程，表达了游戏玩家对 iPad 性能的好奇和兴趣。心理过程在这里用来强调目标受众（游戏玩家）的需求和兴趣点，这有助于将听众的注意力集中在 iPad 的性能上，从而突出 iPad 作为游戏平台的优势。

总的来说，在这三个例子中，物质过程展示了开发者的活动和行为，关系过程强调了 iPad 与其他平台的不同，而心理过程揭示了开发者和用户的意图和感受。这些及物过程的使用在 iPad 产品推介演讲中起到了展示 iPad 的独特性、吸引力和满足用户需求的作用。通过这种方式，演讲者能够更有效地展示 iPad 的价值和潜力，从而吸引潜在的用户和开发者。

iPad 产品推介演讲的第五部分是对 iPad 的价格和发布时间的介绍，共计 242 个小句，其中，有 121 个物质过程（50.0%），64 个关系过程（26.4%），25 个存在过程（10.3%），18 个心理过程（7.4%），11 个行为过程（4.5%）和 3 个言语过程（1.2%）。在此部分，存在过程的比例较前四个部分有了明显增加。例如：

样本 4-15：Price is just $9.99, and they are going to be available right on the App Store right on the iPad.（价格仅为 9.99 美元，并且它们将直接在 iPad 的 App Store 上供货。）

样本 4-16：We have an unlimited plan for just $29.99…and there's no contract. It's prepaid, so there's no contract and you can cancel anytime you.（我们有一个仅需 29.99 美元的无限制套餐……而且无需签约。它是预付费的，所以无需签约，您可以随时取消。）

样本 4-17：There's no pointing device. There isn't even a single o-rientation. There is no up. There is no down. There is no right or wrong way of holding it. I don't have to change myself to fit the product. It fits me.（没有触控笔或指向设备，甚至没有固定的方向。没有上下的概念，也没有正确或错误的握持方式。我不需要改变自己来适应 iPad，

而是 iPad 适应我。)

在系统功能语言学中,存在过程指的是描述事物存在、出现或发生的状态的过程。它强调某物在特定时间或空间中的存在性,通常与位置、时间或状态等概念紧密相关。

样本 4-15 通过存在过程"are going to be available"(即将提供)强调了产品(应用程序)在 iPad 的 App Store 上的存在状态,同时与价格信息相结合,传达出"这么优惠的价格和便捷的应用获取方式只有在 iPad 上才能实现"的信息,增强了听众或读者对 iPad 的购买欲望。

样本 4-16 通过存在过程"have"(有)和"there's"(有)强调了无限制套餐和无需签约的存在状态,以及预付费带来的灵活性。这些存在过程与价格信息相结合,传达出"这么优惠且灵活的套餐只有在 iPad 的提供商这里才能找到"的信息,进一步强化了 iPad 及其相关服务的吸引力。

样本 4-17 这句话通过一系列存在过程"There's no"(没有)强调了 iPad 在设计上的便捷性和人性化,即没有固定的使用方式或限制。这些存在过程与后续的心理过程"I don't have to change myself to fit the product. It fits me."相结合,传达出"iPad 的设计完全符合我的使用习惯和需求,我不需要改变自己来适应它"的信息,从而突出了 iPad 在用户体验方面的优势。

综上所述,在 iPad 的价格和发布时间介绍环节,存在过程的占比明显增加,通过强调产品、服务或设计在特定时间或空间中的存在状态,与价格、优势等信息相结合,有效地传达了 iPad 的吸引力和优势,增强了听众或读者的购买欲望和认同感。

iPad 产品推介演讲的最后一部分是总结与展望,共计 29 个及物过程,其中有 9 个关系过程(31.0%),8 个心理过程(27.6%),7 个物质过程(24.1%),5 个存在过程(17.2%)。四种及物过程整体分布较为均衡,心理过程占比较前几部分有明显增加。例如:

样本 4-18:We'd like you to go get your hands on an iPad, because when you feel all this and this much fun and the internet in your hands, you'll never want to go back. So thank you so much for coming this morning and we hope you love the iPad as much as we do. Thank you very much.（我们希望您能亲自体验一下 iPad，因为当您感受到这一切，感受到手中如此多的乐趣和互联网时，您将再也不想回到过去。所以非常感谢大家今天早上能来，我们希望您能像我们一样喜欢 iPad。非常感谢大家。）

在系统功能语言学中，心理过程是一个核心概念，它专注于描述个体内心的经验、情感、意愿和认知等主观体验。这些体验通常涉及情感反应、认知判断以及意愿表达，是连接个体内心世界与外部环境的桥梁。在营销语境中，特别是在产品的总结与展望部分，心理过程的应用尤为关键。

在样本 4 - 18 中，"feel"一词便巧妙地触发了听众或读者的心理过程。它引导用户想象使用 iPad 时的愉悦体验，感受到互联网带来的便捷与乐趣。这种描述不仅激发了用户的情感共鸣，使他们更加深入地理解并认同 iPad 的价值，还进一步强化了用户的购买意愿和持续使用的决心。

此外，心理过程在建立品牌忠诚度方面也发挥着重要作用。通过描述用户对 iPad 的喜爱和认同感，营销者能够巧妙地传递出品牌与消费者价值观的一致性，从而增强消费者对品牌的忠诚度。这种忠诚度的建立不仅有助于巩固现有用户基础，还能吸引更多潜在用户的关注。

在 iPad 产品推介演讲的总结与展望部分，心理过程还用来展望用户对 iPad 的未来期待和愿景。这种展望不仅激发了听众或读者的想象力和期待，还为他们提供了购买 iPad 的额外动力。它让用户看到 iPad 不仅是一款优秀的产品，更能感受到 iPad 在未来的无限可能。

由此可见，心理过程在产品推介演讲的总结与展望部分中扮演着至关重要的角色。它不仅能够增强情感共鸣、强化购买意愿、建立品牌忠诚度，还能展望用户对产品的未来期待。这些作用共同推动了听众或读者对产品的深入理解和积极行动，为产品的市场推广和销售增长奠定了坚实的基础。

综上所述，从演讲语篇整体来看，演讲者主要使用了物质过程和关系过程描述产品的性能及优势。在开场白即第一部分，人际功能的使用，如"Thank you""Good morning"等，有效地建立了演讲者与听众之间的互动，为整个推介演讲的顺利进行奠定了基础。产品推介演讲的第二部分，通过关系过程强调了公司近期的重大成就，展示了公司的实力和市场地位。这些关系过程的使用有助于建立听众对公司的信任和增加认可感。产品推介演讲的第三部分，演讲者详细介绍了 iPad 的外观设计、硬件配置和软件功能，并演示了 iPad 在各种应用场景下的具体应用方式。这一部分内容中物质过程的使用尤为突出，它直观地展示了 iPad 的操作步骤和用户互动方式，增加了对用户体验的描述，使观众能够更好地理解和记忆产品的特点。在产品推介演讲的第四部分，对 App Store 的介绍中，心理过程的使用有所增加，强调了用户对 iPad 应用程序的感知和体验，建立了听众对产品的情感联系，提高了产品推介的效果。在产品推介演讲的第五部分，价格和发布时间的介绍中，存在过程的使用强调了产品、服务或设计在特定时间或空间中的存在状态，与产品价格、优势等信息相结合，有效地向听众传达了 iPad 的吸引力和优势。在产品推介演讲的第六部分，总结与展望中，心理过程的使用加强了听众或读者的情感共鸣，强化了产品购买意愿和持续使用的决心，同时展望了用户对 iPad 的未来期待和愿景，为产品的市场推广和销售增长奠定了坚实的基础。

2. 语气类型

在系统功能语言学视角下，语气分类侧重于其功能和语义特点，而不仅针对其形式。语气不仅是语法的一部分，还是表达说话者态度、目的和语篇作用的关键。语气的选用不仅受制于语言构造，也与社会文化因素紧密相关。不同的文化背景可能使演讲者在交际中选择不同的语气，以匹配特定的目的和情境。

系统功能语言学将语气划分为四种：陈述、疑问（包括是非疑问和特殊疑问）、祈使和感叹。这些分类体现了句子的核心职能，如陈述信息、提问、下达指令或表达感情。

如前文所述，产品推介演讲的主要功能是向潜在顾客呈现新品，因此陈述语气在演讲中占据了主导地位。然而，为了更全面地理解演讲的语篇结构和功能，笔者还分析了其他几种语气类型在演讲中的分布及其作用。以下是各语气类型在产品推介演讲各部分的占比及作用分析。

如表4-4所示，开场白部分主要使用陈述语气，以建立演讲者与听众之间的互动，其他语气类型在此部分未出现。在分享公司大事件的部分，除了陈述句，演讲者还用了特殊疑问句，这有助于引起听众对公司成就的关注和兴趣，增强信息的互动性。在介绍iPad的部分，祈使句的使用频率较高，该语气类型用于指导听众如何操作和使用iPad，体现了演讲的互动性和实践性；感叹句可适时强调iPad的特点，增强听众的情感体验。笔者还发现，有13个特殊疑问句出现在第四部分（介绍App Store），这有助于引导听众思考应用程序的多样性和实用性，增强听众的参与感。在公布iPad的价格和发布时间的部分，演讲者对是非疑问句和特殊疑问句有前景化的使用，这有助于引起听众对价格和发布时间的关注，同时在该部分也使用了较多的祈使句鼓励听众关注和购买。最后，演讲者运用是非疑问句和祈使句进行总结和展望，进一步强化听众的认同感和购买意愿。整体来看，虽然陈述语气在演讲中占据主导地位，但其他语气类型也在演讲中发挥了重要作用，增强了演讲的互动性、情感表达和听众的参与感。

表4-4　各语气类型在产品推介演讲各部分的分布情况

| 序号 | 主版块 | 是非疑问句（个） | 特殊疑问句（个） | 祈使句（个） | 感叹句（个） |
| --- | --- | --- | --- | --- | --- |
| 1 | 开场白 | 0 | 0 | 0 | 0 |
| 2 | 公司大事件 | 0 | 1 | 0 | 0 |
| 3 | 介绍iPad | 6 | 2 | 36 | 2 |
| 4 | 介绍App Store | 3 | 13 | 31 | 0 |
| 5 | iPad的价格和发布时间 | 1 | 5 | 3 | 0 |
| 6 | 总结与展望 | 1 | 0 | 1 | 0 |
| 7 | **总计** | **11** | **20** | **71** | **2** |

例如：

样本4-19：Let's go to *Time Magazine*. Let's see what's up on the *Times* website. Just click through the website to see what's happening. Now, let's go to another one here：Fandango.［让我们转到《时代》杂志。看看《时代》网站的最新动态。直接浏览网站，看看有什么新闻。现在，我们再来看这里的一个网站：Fandango（北美票务网站）。］

样本4-20：What better game than *Need for Speed*!（还有什么游戏比《极品飞车》更棒呢！）

样本4-21：Do you want to focus in on a message? You can do that. See your inbox. Again just turn iPad sideways…（您想要专注于一条信息吗？您可以做到。查看您的收件箱。再次将iPad横放……）

样本4-22：How do I move a slide around in the navigator without a keyboard or mouse? It's really simple.（在没有键盘或鼠标的情况下，我如何在导航器中移动幻灯片？这其实非常简单。）

在样本4-19中，祈使语气的运用占据了主导地位，其目的在于直接指导听众的行为，为听众提供明确的操作指令，即如何浏览不同的网站。这种直接而具体的语气选择，不仅增强了演讲的实践指导性，而且使得听众能够轻松地跟随演讲者的步伐，一步步地进行操作。通过这种命令式的语气，演讲者与听众之间建立了一种虚拟的互动，听众仿佛被引导着亲自上手操作，从而加深了对演讲内容的理解和记忆。这种祈使语气的巧妙运用，使得产品推介的过程变得更加直观，有效地提升了听众的参与度和对产品的兴趣。

在样本4-20中，感叹语气的强烈情感色彩被用来表达演讲者对《极品飞车》这款游戏的极高评价和热烈赞赏。这种语气的选择，不仅传达了演讲者对游戏的热爱，也感染了听众，使得他们对这款游戏产生了浓厚的兴趣。感叹语气的使用，在这里起到了情感强化的作用，它让听众的情感体验得到了提升，激发了他们对游戏的共鸣，进而可能促使他们在情感上倾向于接受和尝试这款游戏。这种情感上的连接，是产品推介中非常有效的手段，能够加深听众对产品的印象。

在样本4-21中，疑问语气和祈使语气的结合，形成了一种独特的互动模式。疑问语气的使用，巧妙地引发了听众的思考，让他们参与到演讲的过程中来，考虑是否需要执行某个操作。这种提问的方式，不仅增加了演讲的互动性，也让听众感到自己的需求和意见被重视。紧接着，祈使语气的运用，则为听众提供了具体的操作指南，明白如何使用iPad进行下一步的动作。这种结合，既激发了听众的思考，又提供了行动的路径，极大地增强了演讲的实践性和操作性。

在样本4-22中，疑问语气和陈述语气的搭配，为听众提供了一个思考与确认的过程。疑问语气首先抛出问题，引导听众思考如何解决实际问题，这样的提问增强了听众的参与感和互动性。随后使用陈述语气，以平静而肯定的语气陈述了操作的简便性，这不仅为听众提供了答案，也缓解了他们可能存在的操作焦虑，增强了他们对产品的信心。这种语气上的转换，使得演讲内容既有深度又不失亲切，有效地提升了听众对产品的好感和信任度。

通过以上分析，我们可以看出，不同语气类型在产品推介演讲中各有其独特的作用。疑问语气类型用于引发听众思考、增加互动性和参与感；祈使语气类型则用于指导听众行为，增强演讲的实践性；而感叹语气类型则有助于表达演讲者的情感，强化听众的情感体验。这些语气的合理运用，使得产品推介演讲更加生动、有趣，从而更好地达到推广产品的目的。

此外，在系统功能语言学中，情态与语气紧密相连，情态表达可视作语气表达的一种。情态反映了说话者对命题真实性的看法及其信息功能，情态动词是表达情态意义的重要语法手段，它们用于表示说话者对某一命题或提议的可能性、必要性、意愿性等的判断。

当说话者使用"can"表达可能性时，语气通常较为柔和，能够给听话者留下思考和回应的空间；而在表达能力时，语气则可能更加直接和肯定；在请求与允许的语境中,"can"的运用则使得语气更加礼貌和尊重。在 iPad 产品推介演讲中,演讲者较为频繁地运用了"can"这一情态词,次数高达 181 次。例如：

样本 4-23：And here we are, right at the *New York Times*. You can see how fast it is. And I can just scroll around here and look at the whole front page of the *New York Times* wherever I want. Anything I want to make bigger, I can make bigger. If I want to go into a story, I can just touch it, and I'm immediately taken into that story, back to the front page. So, I can browse around the *New York Times* so easily. It's really great. I godown here. I can see what's happening today. And again, just so easy to go into a story like this. I can see the photographs. I can read the story—it's that simple. We go to another website here. Let's visit *Time magazine*.(我们到了,这就是《纽约时报》。你可以看到它有多快。我可以在这里随意滚动,浏览《纽约时报》的整个头版,无论我想看哪里。任何我想放大的内容,都可以放大。如果我想深入了解一篇文章,只需轻轻一触,就能立即进入那篇文章,然后再返回头版。所以,我可以轻松地浏览《纽约时报》。这真的很棒。我向下滚动。我可以看到今天发生了什么。再次强调,进入这样的文章是如此简单。我可以看到照片。我可以阅读文章——就是这么简单。我们现在去另一个网站。让我们访问《时代周刊》。)

样本 4-24：So you can easily import and export between the iPad and your Mac. You can connect to a projector with a simple cable, so when you're running a Keynote presentation, you can present it to a larger audience.(所以你可以在 iPad 和 Mac 之间轻松地进行导入和导出。你可以用一根简单的线缆连接到投影仪,当你运行 Keynote 演示文稿时,你可以将它展示给更多的观众。)

在这两段描述中,"I can"与"you can"这两个表达频繁亮相,它们分别象征着说话人(即第一人称"我")与听话人(即第二人称"你")

所具备的能力或潜在的可能性。对于"I can"而言,它不仅展现了说话人(通常指演示者)的自信与能力,更凸显了其对技术的娴熟掌握。通过不断强调"I can",演示者成功地向观众传达了一个信息:他能够轻松驾驭新技术或产品。这种表述方式极大地增强了观众的信任感,让他们相信这项技术同样易于他们掌握。同时,"I can"的频繁使用也在无形中强调了技术的易用性和便捷性,暗示着任何人只需稍作尝试,便能像演示者一样游刃有余。

而"you can"则更多地承担着邀请观众参与体验的角色。通过这一表达,演示者仿佛在向观众发出邀请,鼓励他们想象自己也在亲自操作这项技术或产品。这种表述方式极大地增强了观众的代入感和参与感,使他们能够更加深入地理解并感受技术的魅力。此外,"you can"还强调了技术的通用性和适用性。通过告诉观众"你也可以",演示者成功地打破了技术的神秘感,让观众意识到无论他们是谁、无论他们身处何地,都能轻松享受这项技术带来的便利。因此,"I can"与"you can"在这两段描述中共同发挥着增强演示者自信、展示技术易用性、邀请观众参与和体验以及强调技术通用性和适用性的作用。

3. 主位结构

在系统功能语言学框架内,主位的分类依据其结构和功能上的差异。遵循韩礼德(2000)的观点,主位可区分为单项主位和复项主位。单项主位由单一表达概念意义的元素构成,充当句子中唯一的主题元素;而复项主位由多个语义要素组成,不仅涵盖表达概念意义的"话题元素",还可能涉及"语篇元素"或"人际元素",这些同样被纳入主位的范畴。复项主位的构成可以细分为谋篇主位、人际主位和话题主位,分别与语言的三个元功能——语篇功能、人际功能和概念功能——相对应。

结合具体语气类型来看,陈述句中的主语与主位通常是重合的,是非疑问句的主位通常是由动词的限定成分和主语构成的,特殊疑问句的主位通常是疑问词,祈使句的主位则是被省略的主语。

主位亦可按照是否有标记来分类,分为标记性主位和非标记性主位。

非标记性主位一般位于句子主语位置，而标记性主位则可能出现在诸如状语或补语等其他位置。

在 iPad 产品推介演讲中，其主位构成呈现如下几个特点。

首先，演讲者在演讲过程中频繁地使用语篇主位，以建立信息之间的语义联系。语篇主位通过使用接续成分和结构成分，如"啊""嗯"以及"然后""所以"等，将信息点紧密地串联起来，使得整个演讲内容显得流畅而连贯。例如：

样本 4-25："Ah, the iWork apps keynote, Pages, and Numbers are really heavy duty apps."（啊，iWork 系列应用中的 Keynote、Pages 和 Numbers 确实是功能强大的应用程序。）

样本 4-26："And then could we come up with an entirely new user interface for these apps?"（然后，我们能否为这些应用程序设计一个全新的用户界面呢？）

在样本 4-25 中，"Ah"作为接续成分，自然地引出了接下来的信息，使得听众能够顺畅地过渡到下一个话题。在样本 4-26 中，"And then"（然后）在这里作为结构成分，标示了演讲内容的逻辑顺序，引导听众跟随演讲者的思路进行思考。

其次，演讲者巧妙地运用标记主位来强调关键信息，通过将状语或补语等成分置于句首，使得这些信息显得尤为重要。例如：

样本 4-27："So very quickly and easily with just my finger, I'm doing very advanced slide animation techniques."（因此，只需用我的手指，我就能非常快速和简单地运用非常高级的幻灯片动画技术。）

样本 4-28："So USB syncing to iTunes running on your mac or PC, we think this is a real benefit."（所以，将 iPad 与运行在您 Mac 或 PC 上的 iTunes 进行 USB 同步，我们认为这是一个真正的优势。）

在样本 4-27 中，"So"作为标记主位，强调了操作的便捷性，使听众对产品的易用性留下深刻印象。在样本 4-28 中，"So"作为标记主位，突出了产品的一项优势,加深了听众对产品功能的认识。

最后,演讲中较少使用人际主位来实现人际功能,这表明演讲者更多地关注信息的传递。人际主位通常包括情态成分(如"certainly""to be frank")、是非疑问句的限定成分和称呼语,但在此次演讲中,人际主位的主要体现形式为是非疑问的限定成分,但无一例情态成分做人际主位,这与前文所述情态动词 can 的前景化运用呈鲜明对比。例如:

样本 4-29:"Could the tablet power them?"(平板电脑能否驱动它们?)

样本 4-30:"Is there room for a third category of device in the middle?"(中间是否还有设计第三类设备的可能性?)

在样本 4-29 中,"Could"在这里作为人际主位,提出了一个问题,促使听众思考并参与到演讲中来。在样本 4-30 中,"Is there"作为人际主位,引导听众思考演讲者提出的问题。

综上所述,演讲者通过精心选择和运用不同类型的主位,有效地引导了听众的注意力,强调了演讲中的关键信息,并保持了演讲内容的连贯性。同时,演讲者在人际互动方面的使用,可能反映了其旨在传递信息而非建立直接人际关系的策略。这些主位的选择和应用,无疑增强了演讲的吸引力和说服力。

(三)词汇层次

词汇的选择直接决定了语篇的文体风格,并影响其表达的意义。在不同的文体中,词汇的选择会根据文体目的和语境进行调整,以实现特定的表达效果。演讲者在 iPad 产品推介演讲中,巧妙地运用了两个特点。

第一,形容词最高级的使用频率较高。演讲者频繁使用最高级形容词来强调 iPad 的优越性,如"the best browsing experience"(最佳浏览体验)、"the best email client"(最佳电子邮件客户端)、"the best way to view and share your photos"(查看和分享照片的最佳方式)。这些最高级形容词的使用,不仅突出了 iPad 的功能和性能,也增强了演讲的感染力和说服力，让听众更加相信 iPad 的价值。在介绍 iPad 的屏幕时，演讲者说道："It's got a gorgeous 9.7 inch IPS display super high quality display using IPS technology."（它拥有一个精美的 9.7 英寸 IPS 显示屏，这是超高质量的显示屏，采用了 IPS 技术。）这里，他使用了"gorgeous"（美丽的）、"super high quality"（超高质量的）等形容词，强调了 iPad 屏幕的优越性。

第二，倾向使用简单词汇阐述技术概念。演讲者在介绍 iPad 的时候，并没有使用复杂的术语，而是通过直观的演示和简单的比喻，让普通顾客也能理解这些技术概念。他通过将 iPad 与笔记本电脑、智能手机等现有产品进行比较，以及使用比喻来描述技术概念，例如，将多点触控技术比喻为"魔法"，将 IPS 显示屏比喻为"精美"，让听众更容易理解。再如，关于"multi touch"（多点触控），演讲者通过比较 iPad 和手机上的应用程序，解释了多点触控技术带来的优势，即可以创建更大、更复杂的界面，提供更丰富的功能。

另外，演讲中使用的"30 pin connector"（30 针连接器）也是一个科技术语，但演讲者没有进行过于复杂的解释，而是直接告诉听众 iPad 拥有 30 针连接器（"It's got a 30 pin connector."），并暗示它能够连接到各种设备。

通过使用形容词最高级和简单词汇，演讲者使 iPad 的功能和性能更加突出，增强了听众对产品的信任和信心，同时也降低了听众理解演讲内容的难度，使演讲更加易于理解和接受，不仅体现了其高超的演讲技巧，也展现了其对产品的信心和对听众的尊重。这些词汇的选择，对于塑造 iPad 的形象，以及推动 iPad 的销售，起到了至关重要的作用。

## 二、视觉

iPad 产品推介演讲巧妙地运用了多种视觉模态，将复杂的技术概念转化为直观易懂的信息，并成功地吸引了观众的注意力。首先，演讲中大量使用了图片和视频,直观地展示了 iPad 的外观设计、功能演示和开发者制作的 iPad 应用程序等。例如,演讲者通过展示 iPad 的图片,让观众清晰地看到其薄、轻、美观的设计;他还播放了开发者制作的 iPad 应用程序视频,展示了应用程序的功能和操作方式。

其次,演讲中使用了动画效果来演示 iPad 的操作方式,如展示多点触控技术、应用切换等。这些动画的效果生动形象,能够让观众更容易理解 iPad 的操作方式。

再次,演讲中使用了数据图表来展示 iPad 的销售数据、市场占有率等。这些数据图表直观地展示了 iPad 的市场表现,增强了演讲的说服力。在演讲过程中,屏幕上还会适时显示与演讲内容相关的文字信息,如应用程序的名称、引言、价格等。有这些文字信息辅助演讲,能够让观众更清晰地理解演示内容(如当谈及 iPad 的销量时,大屏幕上赫然显现了醒目的数字:250,000,000)。

又次,演讲者的形象、动作和表情也增强了演讲的感染力。演讲者穿着简约、精神干练,给观众留下了深刻的印象;动作流畅自然,如挥动手臂、指向屏幕等,增强了演讲的感染力;演讲者的表情丰富多样,如微笑、点头、兴奋等,表达了其对产品的热爱和自信。

最后,舞台设计和观众席的布置也考虑到了视觉模态的影响。舞台设计简洁大方,没有过多的装饰,让观众更容易关注演讲者;观众席布置合理,让观众能够清晰地看到舞台和屏幕上的内容。

总体来看,视觉模态的运用,一是可以增强信息传递的效果,如通过图片和视频展示产品功能,这比单纯的语言描述更直观易懂;二是可以增强演讲的说服力,如通过数据图表展示产品的市场表现,这比单纯的语言描述更有说服力;三是能够增强演讲的感染力,如通过演讲者的形象、动作和表情,这能够让观众更容易产生共鸣;四是能够增强演讲的互动性,如通过多媒体画面和开发者演示,让观众更积极地参与到演讲中。通过这些视觉模态的综合运用,演讲者成功地将 iPad 的产品优势和信息传达给观众,并激发了他们对 iPad 的兴趣。

## 三、听觉

除了视觉模态，听觉模态在 iPad 产品推介演讲中也扮演着重要的角色，演讲者通过产品演示、演讲者和音乐音效等声音元素增强了演讲的感染力和说服力。

### （一）产品演示的声音

（1）动画和视频的声音：在演示 iPad 的功能时，演讲者使用了动画和视频，并配合相应的声音效果，这些声音效果增强了演示的生动性和真实性，让观众更容易沉浸在演示中。

（2）游戏赛车的声音：在展示艺电有限公司（Electronic Arts）开发的赛车游戏时，演讲者播放了游戏的音效和引擎轰鸣声，让观众感受到游戏的真实性和沉浸感。

（3）开发者介绍应用程序的声音：开发者演示应用程序时，演讲者会讲解应用程序的功能和使用方法，并配合相应的声音效果，如按钮点击的声音、音效的播放等。这些声音效果增强了演示的互动性和趣味性。

### （二）演讲者的声音

（1）抑扬顿挫：演讲者的声音富有情感，他会在重要的信息处停顿、强调，或者在讲述故事时语气发生变化，从而吸引观众的注意力，增强演讲的感染力。

（2）语速和语调：演讲者的语速适中、语调平稳，但也会根据内容的需要调整语速和语调，如在介绍产品功能时语速较快，在讲述故事时语速较慢，从而增强演讲的节奏感和吸引力。

（3）笑声和掌声：演讲中穿插着观众的笑声和掌声，这些声音元素增强了演讲的互动性和现场气氛。

### (三) 音乐和音效

(1) 背景音乐：演讲中在介绍通过 iPad 打开音乐合集的效果时播放了背景音乐，营造轻松愉快的氛围。

(2) 音效：在演示产品功能时，也同时播放相应的音效，如翻书的声音、按键的声音等，增强演示的趣味性和真实感。

这些听觉模态的综合运用，一是可以增强信息传递的效果，如通过声音效果展示产品功能，这比单纯的语言描述更生动形象；二是可以增强演讲的感染力，如通过演讲者的声音变化、音乐和音效等，增强演讲的节奏感和吸引力；三是可以增强演讲的互动性，如通过观众的笑声和掌声，增强演讲的现场气氛。通过听觉模态，演讲者成功地将 iPad 的优势和信息传达给观众，并激发了他们对 iPad 的兴趣。

## 第六节 表达层面分析

在张德禄（2009）提出的多模态话语分析研究架构里，表达层指的是话语在现实世界中的具体展现形态，涵盖了语言与非语言两大表达形式。该层次聚焦于话语如何利用各种符号系统（如文字、图形、音频等）在不同的传播平台上进行展示，并探讨这些符号系统如何互相配合，共同塑造完整的意义。

笔者基于上述概念并结合前文分析，认为 iPad 产品推介演讲主要涉及了以下几种表达层面。

### 一、文本

(1) 演讲稿：产品推介演讲的演讲稿为文本形式，用于传达 iPad 的功能和特点。例如，演讲者使用生动的比喻来形容 iPad 的强大功能："It

sort of becomes magical, and that's exactly what the iPad is. It's hard to see how something so simple, so thin and so light could possibly be so capable…the multi-touch user interface, it was truly an incredible breakthrough product."（它仿佛拥有了魔法，而这正是 iPad 的魅力所在。很难想象如此简单、纤薄、轻盈的设备竟能如此强大……它的多点触控用户界面，真是一款令人难以置信的突破性产品。）

（2）屏幕显示：多媒体屏幕可以显示文本信息，例如：在演示 iPad 的邮件应用程序时，屏幕上显示了收件箱的界面，并显示了邮件的标题、内容和附件等信息。

（3）开发者演示：开发者演示应用程序时，屏幕上会显示应用程序的界面和操作步骤，这些信息以文本形式呈现。例如，在演示绘画应用程序时，屏幕上显示了应用程序的界面，并显示了各种绘画工具和选项。

## 二、图像

演讲中使用了大量的图片，例如：演讲者展示了 iPad 的图片，让观众清晰地看到其薄、轻、美观的设计；他还展示了开发者制作的 iPad 应用程序截图，让观众直观地了解应用程序的功能和界面。

## 三、视频和动画

（1）演示视频：演讲中使用了演示视频，展示 iPad 的功能、开发者制作的 iPad 应用程序等。例如：演讲者播放了一段视频，展示了 iPad 的多点触控功能，如缩放图片、旋转窗口等；他还播放了一段视频，展示了开发者制作的 iPad 应用程序，如电子书阅读器、绘画应用程序、游戏等。

（2）动画效果：演讲中使用了动画效果，展示多点触控技术、应用切换等。例如，他演示了如何使用手指在屏幕上缩放图片，动画效果直观地展示了多点触控技术的功能。

## 四、视觉呈现

（1）舞台设计：舞台设计简洁大方，没有过多的装饰，让观众更容易关注演讲者。舞台背景使用了苹果公司的标志，增强了品牌识别度。

（2）观众席：观众席布置合理，让观众能够清晰地看到舞台和屏幕上的内容。观众席的座位排列整齐，没有遮挡，确保了所有观众都能清晰地看到演示内容。

综上所述，我们可以发现，iPad 的产品推介演讲媒体层面是多种媒体形式的有效组合，这些媒体形式共同作用，有效地传达了 iPad 的优势和特点，并吸引了观众的注意力。

## 第七节　多模态互动分析

系统功能语言学为多模态话语分析构建了一套全面框架，着重于符号系统的特性、整合功能、选择机制、符号间的互动性，以及对物质层面的详细刻画。在多模态的互动中，它们之间的关系主要区分为互补和非互补两大类。互补性关系涉及模态间的相互补充，它们联合作用以形成完整的意义传达，具体可分为强化关系（即某一模态的信息传递被另一模态增强，例如，图片中的表情与文字叙述的情感相互呼映）和非强化关系（各模态虽不直接增强对方，但依旧协同作用，例如，影片中的视觉元素与旁白解说虽然内容各异，却共同构成了信息的完整性）；相反，非互补关系则表现为模态间的独立性，它们在表达上不协同构建信息，这种情形通常出现在不同模态传达的信息存在差异或对立的情况。

如前文所述，iPad 产品发布演讲可分为 6 个部分，分别为开场白、公司大事件、介绍 iPad、介绍 App Store、iPad 的价格和发布时间、总结与展望。其中，公司大事件包括 3 个事件（iPod、零售店和 App Store）、介绍 iPad 包括 3 个事件（第三类设备的可能性、iPad 概述和 iPad 演示）、介绍 App Store

包括7个事件［App Store 运行情况、介绍 iPad 如何运行 iPhone 应用程序、纽约时报的 iPad 版应用程序、Brushes 应用程序、艺电有限公司（EA）游戏应用程序、iBook 应用程序和 iWork 套件］，iPad 的价格和发布时间包括3个事件（公布数据包价格、公布全球发布时间和公布 iPad 各型号价格），总结与展望包括2个事件（视频总结和现场结束语），共计19个事件。

## 一、开场白

在演讲的开场白部分，演讲者迈步上台，面露微笑，向现场观众问好，表示感谢，并开门见山地点明主题——要推出一项神奇且具革命性的产品，同时在背后大屏幕上展示苹果公司的 LOGO。该部分的听觉模态为主模态，视觉模态（手势动作）与主模态（演讲者语言）为突出类强化关系，视觉模态（LOGO 图像）则为演讲者提供了背景信息，属于次要模态，与主模态构成主次类强化关系。

## 二、公司大事件

在正式揭开 iPad 的神秘面纱之前，演讲者先以苹果公司近期的辉煌成就为引子，与现场观众展开了亲切的交流。如表4-5所示，在这一部分中，演讲者的形象与肢体动作仅作为辅助元素，悄然融入背景之中，而真正占据舞台中央的，是其流畅而富有感染力的语言（听觉模态），以及多媒体平台上那些经过精心设计的图像与动画效果（视觉模态），它们共同编织出一场视听盛宴。

表4-5　　　　公司大事件部分的多模态协同关系

| 事件 | 视觉模态 | 听觉模态 | 前景化 |
|---|---|---|---|
| 事件1：iPod | 1. 肢体语言（突出强化语言、次要模态） | 语言 | 语言（听觉模态）、多媒体图像（视觉模态） |
| 事件2：零售店 | 2. 多媒体文字、图像等（与语言形成协调类非强化关系/扩充强化关系） | | |
| 事件3：App Store | 3. 多媒体动画效果（突出强化语言） | | |

当演讲进入事件1：iPod，乔布斯自豪地说起 iPod 自 2001 年以来的销售量："A few weeks ago we sold our 250 million iPod."（几周前，我们销售了25亿台 iPod。）与此同时，大屏幕瞬间点亮，数字"250,000,000"赫然在目，下方辅以细腻的注释："iPods sold since 2001"（2001 年以来售出的 iPod）。这一刻，语言（听觉模态）、数字（视觉模态）与文字（视觉模态）三者交织，彼此呼应，共同构建了演讲者意图传达的完整意义，宛如一场和谐的交响乐；而数字跃然屏幕时的动态效果（视觉模态），则如同乐章中的高潮部分，将这一成就的震撼力推向了极致。

转入事件2：零售店，演讲者将焦点转向了苹果公司在纽约新开设的第四家零售店。大屏幕上显示，苹果商店内人声鼎沸，顾客们簇拥在展示台前，目光炽热地扫视着每一件电子产品，仿佛在寻找那份专属的心动产品。苹果公司的标志在画面中熠熠生辉，它不仅是品牌的骄傲象征，更是创新与卓越品质的代名词。整个场景洋溢着勃勃生机与活力，充分彰显了苹果公司在消费者心中的非凡影响力与无限魅力。此时，演讲者的声音轻轻响起："It is on the opening day."（这是开业那天的盛况。）言简意赅，且多媒体上的图像以更加直观、丰富的形式，向观众传递了更为深远的信息——不仅记录了苹果纽约第四家零售店开业的历史性时刻，更深刻展现了苹果产品在全球范围内所获得的广泛认可与热爱。至此，多媒体图像（视觉模态）与语言（听觉模态）形成了一种扩充与强化的互补关系，共同绘制了一幅苹果公司辉煌成就的壮丽画卷。

在事件3：App 中，当演讲者提及 App Store 之时，大屏幕适时地展示出了 App Store 的图标。这一交际场景下，图像（作为视觉模态）巧妙地补充并增强了语言（听觉模态）的表达，该图标的巧妙融入，不仅丰富了信息传递的层次，还深刻促进了人际意义的构建，让 App Store 的现有用户感受到一股温馨的亲切感，进而有可能将这种积极的情感体验正面地延伸至新产品 iPad 之上。

## 三、介绍 iPad

如表 4-6 所示，该部分包括 3 个事件，演讲者先从苹果公司创始之初娓娓道来，回顾苹果产品的发展演变，进而探讨在 iPhone 和 Mac 之外推出第三类设备的可能性，然后对填补 iPhone 和 Mac 之间消费者需求空白的 iPad 进行概述介绍，最后拿起手中的 iPad 进行现场演示，大屏幕上同步显示 iPad 画面。

表 4-6　　　　　　　　介绍 iPad 部分的多模态协同关系

| 事件 | 视觉模态 | 听觉模态 | 前景化 |
| --- | --- | --- | --- |
| 事件 1：第三类设备可能性 | 1. 多媒体文字、图像等（突出强化语言）<br>2. 多媒体动画效果（突出强化语言） | 1. 语言<br>2. 动画音效 | 语言（听觉模态） |
| 事件 2：iPad 概述 | 多媒体图像等（与语言听觉模态形成协调类非强化关系） | 语言 | 语言（听觉模态）、多媒体图像（视觉模态） |
| 事件 3：iPad 演示 | 演讲者肢体动作（与语言听觉模态构成交叉非互补关系）<br>多媒体图像（与肢体动作视觉模态构成协调非互补关系、与语言听觉模态构成扩充强化关系） | 语言 | 语言（听觉模态）、多媒体图像（视觉模态） |

在事件 1：第三类设备可能性中，演讲者通过讲述苹果公司的创立初衷及其产品从早期到现代的演变历程，构建品牌的历史深度与传承感。此处的多模态运用尤为精妙，视觉模态中的多媒体文字和图像不仅直观展示了苹果公司产品的历代变迁，还通过精心挑选的设计元素（如复古风格的图标、关键产品图片）强化了对语言叙述的支撑，使听众能够视觉化地理解苹果公司产品的进化路径。在这个环节，有一个场景是乔布斯探讨第三类设备，即 iPad 能在哪些方面超越笔记本电脑和智能手机，这时候，大屏幕同时呈现出了 Browsing Email、Photos、Video、Music、Games、eBooks（浏览电子邮件、照片、视频、音乐、游戏、电子书）的字样，并在文字左右两侧各配备了笔记本电脑和智能手机的图片，该场景充分展示了多媒体图像和文字对语言的突出强化作用，从视听多模态强调 iPad 在浏览网页、发送邮件等方面的性能优势；新产品 iPad 出现时的动画和音效等，

则进一步增强了叙述的动态感和连贯性，使历史回顾更加生动有趣。在听觉模态的语言部分，演讲者采用富有感染力的语调，结合适当的停顿和语速变化，引导听众产生情感共鸣；同时，将动画音效（如轻微的背景音乐或产品启动声效）作为背景音，为整个演讲氛围增添了一层科技感和未来感，使听众仿佛置身于苹果公司的创新旅程之中。前景化模态则聚焦于语言（听觉模态），通过详细而富有激情的讲解，确保信息传达的准确性和深度，同时，视觉模态的辅助并非简单重复，而是起到了强化记忆点和情感连接的作用，共同服务于构建苹果公司品牌故事这一交际目的。

在事件2：iPad概述中，演讲者转而采用更为直接和具体的信息传递方式：视觉模态中的多媒体图像成为关键，它们展示了iPad的外观、界面布局、特色功能等，与语言描述形成协调类非强化关系，即图像和语言各自独立且又相互补充，共同构建一个完整的产品形象。这种模态间的协调关系有助于听众在脑海中快速构建对iPad的直观印象。听觉模态的语言继续发挥主导作用，详细阐述iPad的设计理念、技术革新以及相较于iPhone和Mac的独特优势；而视觉模态的图像则作为语言的视觉化延伸，帮助听众更好地理解复杂的产品特性和应用场景。前景化模态此时扩展至多模态图像（视觉模态）与语言（听觉模态），两者相辅相成，共同突出iPad的核心卖点和创新之处，有效提升了信息的吸引力和说服力，促进了听众对iPad价值的认知认同。

在事件3：iPad演示中，通过现场演示环节，演讲者将理论介绍转化为实践操作，直接展示出iPad的实际应用效果。视觉模态中，演讲者的肢体动作成为与语言直接关联的动态视觉元素，它们不仅能够辅助说明操作步骤，还传递出演讲者的自信和专业性；视觉模态与语言听觉模态构成交叉非互补关系，即动作和语言各自独立表达意义，但二者结合时能产生更丰富的交际效果。同时，大屏幕上的多媒体图像实时同步iPad画面，与肢体动作视觉模态形成协调非互补关系，增强了演示的真实感和即时性；而与语言听觉模态则构成扩充强化关系，通过视听双重刺激加深听众的理解和记忆。听觉模态的语言在这一阶段更加侧重于引导观众观察屏幕上的操作过程，同时穿插简短解说，已确保演示的流畅性和易理解性。前景化模态再次回归至语言（听觉模态）和多模态图像（视觉模态），两者在动态演示中紧密配合，不仅展示了 iPad 的强大功能，更通过实际操作证明了其易用性和实用性，有力推动了听众从认知到行动的转变，即激发购买欲望或进一步了解的兴趣，从而实现了产品推介的交际目的。

## 四、介绍 App Store

如表 4-7 所示，在这一部分，几位演讲者依次上台，分别介绍了 App Store 运行情况、iPad 如何运行 iPhone 应用程序、纽约时报的 iPad 版应用程序、Brushes 应用程序、艺电有限公司（EA）游戏应用程序、iBook 应用程序和 iWork 套件等。该部分包括 7 个事件，主要涉及以下几种多模态协同关系。

表 4-7　　　　　介绍 App Store 部分的多模态协同关系

| 事件 | 视觉模态 | 听觉模态 | 前景化 |
| --- | --- | --- | --- |
| 事件 1：介绍 App Store 运行情况 | 1. 多媒体图像（与语言听觉模态形成扩充强化关系）<br>2. 多媒体文字（与语言听觉模态形成突出强化关系）<br>3. 演讲者肢体动作（与语言听觉模态构成交叉非互补关系/突出强化关系） | 1. 语言<br>2. 动画音效 | 语言（听觉模态）、多媒体图像（视觉模态） |
| 事件 2：介绍 iPad 如何运行 iPhone 应用程序 | | | |
| 事件 3：纽约时报的 iPad 版应用程序 | | | |
| 事件 4：Brushes 应用程序 | | | |
| 事件 5：EA 游戏应用程序 | | | |
| 事件 6：iBook 应用程序 | | | |
| 事件 7：iWork 套件 | | | |

在这一环节，苹果公司副总裁斯科特通过视觉模态与听觉模态的紧密配合，着重强调了 App Store 的辉煌成就。屏幕上的应用程序种类繁多，包括天气预报、地图导航、音乐播放器等，这些应用程序通过直观的视觉呈现，让观众能够清晰地看到 iPad 所能提供的多样化功能。同时，演讲

者的语言内容与这些应用程序形成了完美的对应，他提到："Our customers have downloaded over three billion Apps, choosing from among the more than a hundred and forty thousand Apps available on the store."（我们的顾客已经从商店中超过十四万款的应用程序中下载了超过三十亿个应用。）这句话进一步强调了 App Store 的多样性和广受欢迎的程度。

除了产品功能的丰富性，iPad 在设计美学方面也表现出色。屏幕上的应用程序设计精美，颜色鲜明，不仅提升了视觉效果，还让观众能够感受到 iPad 在用户体验方面的卓越表现。虽然演讲者的语言内容中没有直接提及设计美学，但他对 App Store 的肯定和对 iPad 功能的介绍，间接地传达了 iPad 在设计方面的优势。

此外，整个场景充满了科技感，这一点也通过视觉模态得到了充分的体现。演讲者的语言内容与这种科技感形成了呼应，他说道："Here I have an iPad. We downloaded a number of Apps from the App Store, all unmodified."（我们打造的 iPad 可以几乎不加修改地运行这些应用程序中的每一个，开箱即用。）这句话进一步强化了 iPad 作为高科技产品的形象。

通过视觉模态与听觉模态的扩充强化关系，演讲者成功地增强了演讲内容的说服力，使观众更加相信 iPad 是一款值得购买的产品。同时，精美的应用程序设计和充满科技感的场景氛围也吸引了观众的注意力，提升了他们对 iPad 的兴趣和好奇心。这种兴趣和好奇心促使观众更加专注地听取演讲者的介绍，进而加深对 iPad 的认知和了解。最终，通过视觉模态与听觉模态的协同作用，演讲者成功地实现了产品推介的交际目的，让观众在欣赏精美应用程序和感受科技感的同时，也对 iPad 产生了浓厚的兴趣和购买意愿。

视觉模态与听觉模态之间形成了突出强化关系。演讲者利用屏幕上的白色数字"140,000"与自身的话语相结合，这种数字与语言的双重呈现方式不仅增强了信息的准确性和可信度，还通过数字的直观性和语言的解释性，共同构建了一个关于 App Store 应用程序数量的强大信息场。此外，演讲者的表情、姿态以及屏幕上的应用程序图标等，也与语言形成了互补关系。这些图像通过视觉模态的呈现，为观众提供了更加直观、生动的信息，能够帮助他们更好地理解演讲者的语言内容。

同时，多媒体文字与语言听觉模态之间也存在突出强化关系。演讲过程中大屏幕上的文字"140,000 Applications in the App Store"与演讲者的语言内容形成了呼应，这种呼应不仅强调了 App Store 应用程序数量的庞大，还通过多媒体文字的呈现方式进一步突出了这一信息的重要性。多媒体文字作为视觉模态的一种，与语言听觉模态共同构成了一个完整的信息传递系统。在这个系统中，多媒体文字通过其直观性和易读性为观众提供了快速获取信息的途径，而语言则通过其解释性和描述性的特征为观众提供了更加深入、全面的信息。

演讲者的肢体动作与多媒体图像之间还可形成交叉非互补的关系。演讲者通过手持 iPad 并操作的手部动作，展示了 iPad 的操控性和响应速度，而大屏幕上显示的赛车游戏画面则呈现了 iPad 在运行极速飞车时的流畅度和视觉效果。这两种模态虽然各自独立，但共同作用于展示 iPad 的产品特性，形成了对 iPad 性能的全面展示。值得注意的是，展示者的手部动作并不是对多媒体图像的简单重复或解释，而是通过与图像的互动，创造出一种动态、实时的展示效果，从而增强了演讲的说服力和吸引力。

此外，多媒体图像与语言听觉模态之间也存在交叉非互补的关系。演讲者通过语言来介绍 iPad 的游戏性能以及游戏画面的特点等，而多媒体图像则通过直观的视觉效果来展示这些信息。这种结合使得观众能够在听到讲解的同时，看到实际的游戏画面，从而更深入地理解演讲内容。演讲者的语言还可以对图像进行补充和解释，如强调游戏中的某个关键时刻或突出 iPad 的某个性能特点，这种语言与图像的互动不仅丰富了演讲的内容，还增强了观众的参与感和理解程度。

除了上述提到的模态外，赛车的音效也是这个场景中不可忽视的一个重要元素。音效作为听觉模态的一种表现形式，能够通过声音的节奏、强度和音色等特征营造出一种紧张、刺激和动感的游戏氛围。这种氛围与多媒体图像和演讲者的语言讲解相结合，共同构建了一个完整、生动的游戏体验场景。音效的加入不仅丰富了演讲的听觉体验，还使得观众能够更加身临其境地感受到赛车游戏的紧张和刺激。这种沉浸式的体验方式不仅增强了观众的参与感和代入感，还进一步提升了演讲的吸引力和说服力。

多模态的协同作用在这个场景中具有重要意义。首先，它增强了演讲内容的说服力。通过将演讲者肢体动作、多媒体图像与语言听觉模态相结合，演讲者能够构建一个生动、具体和可信的展示空间，使得观众能够更加全面地了解 iPad 的产品特性和优势。其次，多模态的协同作用还提升了观众的兴趣和参与度。赛车游戏的画面本身就具有很强的吸引力和趣味性，而展示者的手部动作和演讲者的语言讲解则进一步激发了观众的好奇心和探索欲。观众在欣赏游戏画面的同时，还能够通过演讲者的讲解了解 iPad 的性能特点，从而更加深入地参与到演讲中来。最后，通过多模态的协同作用，演讲者还强化了 iPad 的品牌形象。这种直观的展示方式使得观众能够更加深刻地记住 iPad 的品牌特点和产品优势，从而增强了对品牌的认同感和忠诚度。

在以下场景中，演讲者的肢体动作与多媒体图像之间的突出强化关系尤为引人注目。演讲者身着灰色衬衫，双手随着话语的节奏有力地张开，仿佛是在用肢体引导观众的目光，将他们的注意力牢牢地锁定在屏幕上那激动人心的棒球比赛的画面上。这些肢体动作不仅增强了演讲者的表达力，还与比赛画面形成了强烈的视觉对比和呼应，使得观众能够更加深入地理解 iPad 上的 MLB 应用的独特魅力和便捷功能。

同时，多媒体图像与语言听觉模态之间的协同作用也不容忽视。屏幕上，棒球比赛的画面生动而直观，为观众提供了丰富的视觉盛宴；而演讲者的语言则像是一把钥匙，为这些视觉信息打开了理解的大门。他通过详细的讲解，与多媒体图像中的比赛画面相互印证，共同构建了一个完整、生动的比赛场景。这种语言与图像的协同作用不仅增强了演讲的说服力和可信度，还让观众仿佛身临其境地感受到了比赛的紧张刺激和棒球运动的独特魅力。

此外，演讲者的肢体动作与语言听觉模态之间也存在着紧密的协同关系。演讲者的手势、表情和语调等都与语言内容紧密相连，共同构成了演讲的完整表达。当演讲者强调某个重要观点或数据时，他会通过加重语调、提高音量或做出有力的手势来加强表达效果，使得演讲更加生动有力。这种肢体动作与语言的协同作用不仅能够帮助观众更好地理解和记忆演讲内容，还提升了观众对产品的兴趣和观众参与度，使得整个演讲更加引人入胜。

## 五、iPad 的价格和发布时间

如表 4-8 所示，演讲者在此部分完成了 3 个关键事件：公布数据包价格、公布全球发行时间以及公布 iPad 各型号价格。这一系列举措在实现语篇意义的过程中，充分展现了多模态的协同关系。

表 4-8　iPad 的价格和发布时间部分的多模态协同关系

| 事件 | 视觉模态 | 听觉模态 | 前景化 |
|---|---|---|---|
| 事件 1：公布数据包价格 | 1. 肢体语言（突出强化语言、次要模态） | 语言 | 语言（听觉模态）、多媒体文字（视觉模态） |
| 事件 2：公布全球发行时间 | 2. 多媒体文字（与语言形成协调类非强化关系） | | |
| 事件 3：公布 iPad 各型号价格 | 3. iPad 图像（次要模态） | | |

首先，演讲者自信地站在巨大的屏幕前，屏幕上醒目地展示着关于 iPad 的数据包价格。演讲者的口头表达（听觉模态）与屏幕上的文字信息（视觉模态）相得益彰，共同构建了一个清晰、直观的信息传递环境。演讲者通过减慢语速、重读等口语技巧，使关键信息如"$14.99 for up to 250 MB"和"$29.99 for unlimited data"等数据包价格得以突出，从而增强了信息的感染力和说服力。同时，屏幕上的文字信息也通过视觉的直观性和生动性，进一步强化了演讲者所传达的信息。这种听觉模态与视觉模

态的协调配合，不仅确保了信息的准确传达，还增强了听众的参与感和共鸣感。

视觉模态方面，大屏幕上的平板电脑图像、苹果公司的标志以及多个应用程序的图标，直观地展示了产品的外观、品牌属性和功能特点。同时，演讲者的形象、穿着、表情和动作等视觉元素，也传递出演讲者的专业性和亲和力，有助于建立其与观众之间的信任感。这些视觉元素共同构成了一个生动、直观的产品推介场景。大屏幕上还显示着"Breakthrough deal in U.S."和"International deals by June"等字样，向全球的消费者传达了 iPad 在美国市场上取得突破性进展以及即将在全球范围内发行的重要信息。

语言模态方面，演讲者正通过口头语言向观众介绍 iPad 新品的特性、优势以及商业计划。这种语言模态是演讲中最直接、最生动的信息传递方式，它能够解释和阐述视觉模态中的信息，使观众更容易理解和接受。同时，语言模态还能够传递出演讲者的情感、态度和观点，进一步增强观众对产品的期待和信心。

在视觉模态和语言模态的交互作用中，我们可以看到它们之间存在着紧密的互补关系。视觉模态提供了直观的产品信息和演讲者形象，而语言模态则对这些信息进行了深入的解释和阐述，两者共同作用，使观众能够更全面地了解 iPad 新品和公司的商业计划。此外，语言模态还能够对视觉模态中的信息进行补充和修正，确保信息的准确性和完整性。

在演讲过程中，演讲者向观众介绍 iPad 的价格信息。清晰明了的价格表通过视觉模态直接展示了 iPad 不同版本和存储容量的价格信息，使观众能够快速了解产品定价，从而作出购买决策；而听觉模态则通过演讲者的声音、语调、语速等特征，传递出情感色彩和语气强度，增强了信息的感染力和说服力。演讲者通过听觉模态详细阐述了 iPad 的功能、特点、优势以及价格策略等，这些信息是视觉模态无法完全替代的，它们帮助观众形成了更全面的产品认知。同时，演讲者的肢体语言（如指向屏幕上的关键信息）也进一步强化了语言模态的效果，营造出一种生动而真诚的演讲氛围。

综上所述，在传递信息时，演讲者首先通过听觉模态，即口头表达，精准地传达了各项核心内容。他巧妙地运用减慢语速、重读等口语技巧，使关键信息在听众心中留下深刻印象。特别是当演讲者重读"four hundred ninety nine"（若在此处具体提及某型号价格）来强调 iPad 的性价比时，听众能够清晰地感受到产品的价格优势。这种听觉模态的运用，不仅确保了信息的准确传达，还通过语言的韵律和节奏，增强了信息的感染力和说服力。

与此同时，多媒体大屏幕作为视觉模态的载体，发挥了不可或缺的作用。屏幕上清晰展示的产品图像、价格表以及促销信息，如 AT&T WI – FI 热点的免费使用服务、"Activate on iPad" 的便捷激活流程，以及 "No contract-cancel anytime" 的灵活使用政策，这些都通过视觉的直观性和生动性，进一步强化了听觉模态所传递的信息。特别是将价格数字和关键信息放大与突出显示，使得这些信息在视觉上更加醒目，易于被听众捕捉和记忆。这种视觉模态与听觉模态的协调配合，构成了协调类非强化关系，共同实现了语篇意义，并有效地吸引了听众的注意力。

此外，演讲者在强调关键信息时，还巧妙地融入了肢体语言这一模态。他通过指向价格数字、展示 iPad 产品图像等手势动作，以及坚定而自信的眼神交流，进一步强化了语言模态的效果。这些肢体语言不仅增强了信息传递的力度和感染力，还营造出一种生动而真诚的演讲氛围，使听众更加投入地参与到演讲中来。虽然展示的 iPad 产品图像和手势动作在模态层级中可能被视为次要的，但它们在营造演讲氛围、增强听众感官体验方面所发挥的作用却是不可或缺的。

我们可以看到，演讲者通过听觉模态、视觉模态以及肢体语言的协同作用，成功地构建了一个全方位、多维度的交际空间。这个空间不仅使听众能够清晰地理解演讲者所传达的信息，还通过视觉和听觉的双重刺激，增强了听众的参与感和共鸣感。这种多模态的协同作用，不仅实现了语篇的交际目的，还为 iPad 的市场推广奠定了坚实的基础。

## 六、总结与展望

最后这一部分主要包括 2 个事件：视频总结和现场结束语。如表 4-9 所示，首先，在事件 1：视频总结中，演讲者通过播放精心制作的视频，从多个角度全面展示了 iPad 的优势。视频分别由苹果公司的高层领导，包括全球产品营销副总裁、产品设计副总裁、iPhone 软件高级副总裁和硬件副总裁等，分别从产品设计、用户体验、软件应用和硬件性能等方面进行了介绍。除语言这一典型听觉模态，这一环节还加入了令人轻松愉快的背景音乐，与语言构成联合非强化关系，共同营造出一种愉悦的观看体验，并强化了语篇意义。与之类似，视频文字作为对视频图像的补充说明，与视频中的人物形象形成联合非强化关系，为观众提供了更详细的信息和更直观的视觉感受。

表 4-9　　　　总结与展望部分的多模态协同关系

| 事件 | 视觉模态 | 听觉模态 | 前景化 |
| --- | --- | --- | --- |
| 事件 1：视频总结 | 1. 视频图像（与语言形成协调类非强化关系）<br>2. 视频文字（与视频图像形成联合非强化关系）<br>3. 手部特写动作（与语言形成交叉类非强化关系） | 1. 背景音乐（与语言形成联合非强化关系）<br>2. 语言 | 语言（听觉模态）、手部特写动作（视觉模态） |
| 事件 2：现场结束语 | 1. 肢体语言（突出强化语言）<br>2. 多媒体文字（与语言形成突出类强化关系） | 语言 | 语言（听觉模态）、多媒体文字（视觉模态） |

而视频中的图像则与语言听觉模态构成协调类非强化关系，当视频中出现 iPad 产品图像时，画外音同步响起："It's hard to see how something so simple, so thin and so light."（很难想象有如此简单、如此薄、如此轻的东西），视觉模态与语言听觉模态交叉进行，共同传达了 iPad 的操作方式

和功能特点。

此外，视频中还频繁出现手部特写动作，边演示边解说，视觉模态与语言听觉模态交叉实现语篇意义。伴随着听觉模态"When you want to compose a new message, the keyboard automatically slides up from the bottom"（当您想要编写一条新消息时，键盘会自动从底部向上滑动），视觉模态同步呈现操作键盘的手部动作，这种交叉模态的运用使信息传递更加生动和易懂。

其次，在事件2：现场结束语中，演讲者主要运用了多媒体文字和语言听觉模态突出强化的方式，共同实现语篇意义，实现了视听效果的完美融合。他不仅在语音语调上进行了精心的设计和调整，如通过重读某些关键词来增强语气，还利用大屏幕上的文字信息作为补充和强化。这些文字不仅是简单的文本呈现，而且是经过精心排版和设计的视觉元素，它们与演讲者的口头表达相互配合，形成了一种立体的沟通模式，使得信息的传递更加生动有力。

## 第八节 信息传递与说服力分析

根据前文详尽的语篇分析，我们可以发现 iPad 产品推介演讲无疑是商业沟通领域的一次经典案例。这场演讲不仅向全球观众展示了苹果公司当时最新的创新产品——iPad，更通过一系列精心设计的语言策略和非语言手段，成功地吸引了观众的注意力，提升了产品的认知度和购买意愿。接下来，笔者将从历史背景、演讲内容、语言策略、非语言手段以及演讲效果等方面，对此语篇的信息传递和说服力进行综合性的深入剖析。

第一，在历史背景方面苹果公司作为全球知名的科技企业，其每一款新产品的发布都备受瞩目。iPad 作为苹果公司的一款全新产品，其发布自然引起了广泛关注。在这场演讲中，苹果公司不仅展示了 iPad 的创新功能，更通过演讲者的精彩演绎，向观众传递了苹果公司的创新理念和品牌价值。

第二，在演讲内容方面，iPad 产品推介演讲涵盖了产品的外观设计、硬件配置、软件功能以及应用场景等多个方面的内容。演讲者通过清晰的逻辑结构和生动的语言描述，向观众全面展示了 iPad 的卓越性能和广泛应用。同时，演讲者还通过现场演示和开发者演示等方式，让观众亲身体验了 iPad 的便捷和高效。

第三，在语言策略方面，iPad 产品推介演讲巧妙地运用了多种语言技巧来增强说服力和感染力。一是词汇选择：演讲者频繁使用形容词最高级来强调 iPad 的优越性，如"the best web surfing experience"（最佳的浏览体验）、"the best way to view and share your photos"（查看和分享照片的最佳方式）等。这些词汇的使用不仅突出了 iPad 的功能和性能，更增强了演讲的感染力和说服力。二是句式结构：演讲者通过运用简单明了的句式结构，让观众更容易理解和接受产品信息。同时，演讲者还通过运用排比、对比等修辞手法，增强了语言的节奏感和韵律感。三是语气类型：演讲者巧妙地运用了陈述、疑问、祈使和感叹等多种语气类型来传达不同的信息和情感。例如，在介绍 iPad 的功能时，演讲者主要使用陈述语气来传达客观信息；在引发观众思考时，则使用疑问语气来增加互动性和参与感；在指导观众操作时，则使用祈使语气来增强实践性；在表达情感时，则使用感叹语气来强化情感体验。

第四，在非语言手段方面，iPad 产品推介演讲同样表现出色。一是视觉模态：演讲中使用了大量的图片、视频和动画效果来展示 iPad 的外观、功能和应用场景。这些视觉元素不仅让观众更直观地了解了产品信息和特点，更增强了演讲的吸引力和说服力。二是听觉模态：演讲者通过清晰、有力的语言来阐述产品的特点和优势，同时配合背景音乐和音效来营造氛围和增强感染力。这些听觉元素的使用让观众在享受视听盛宴的同时，也更容易接受产品信息。三是肢体语言：演讲者的肢体语言同样起到了重要作用。他们通过运用手势、面部表情和眼神交流等方式来传达情感和强调重点。这些肢体语言的使用不仅增强了演讲的感染力，更让观众感受到了演讲者的热情和自信。

  第五，从演讲效果来看，iPad产品推介演讲无疑是一次成功的商业沟通案例。这场演讲不仅成功地向全球观众展示了苹果公司当时最新的创新产品——iPad，更通过一系列精心设计的语言策略和非语言手段，极大地提升了产品的认知度和购买意愿。同时，这场演讲也向观众传递了苹果公司的创新理念和品牌价值，进一步巩固了苹果公司在全球科技领域的领先地位。

  综上所述，从信息传递和说服力的角度来看，iPad产品推介演讲是一次极为成功的商业沟通实践。演讲者通过精准界定话语范围、建立恰当的话语基调，以及选择合适的话语方式，确保了产品信息的有效传递。同时，演讲者巧妙地运用了语言策略，如形容词最高级的使用、省略手法的应用，以及不同语气类型的精心搭配，显著增强了演讲的说服力和感染力。此外，非语言手段如视觉模态、听觉模态以及肢体语言的协同作用，为听众营造了一个全方位、多维度的交际空间，进一步提升了演讲的影响力。可以说，iPad产品推介演讲通过一系列精心设计的语言策略和非语言手段，成功地实现了信息传递和说服力的双重目标。

# 第五章　教学启示及应用策略研究

## 第一节　主要研究发现

### 一、产品销售信函的功能文体特征总结

#### （一）语篇层面的功能文体特征

1. 衔接手段的巧妙运用

（1）指称、替代与省略：在销售信函中，作者会巧妙地使用指称（如人称代词、指示代词等）来建立文本内部的连贯性，使读者能够轻松跟随作者的思路。同时，虽然替代与省略的使用频率相对较低，但在某些情境下，它们也能有效地简化语言，提高文本的流畅度。例如，在提到已知的产品或服务时，作者可能会省略其全称，仅使用简称或代词进行指称。

（2）连接词：连接词在销售信函中扮演着至关重要的角色，它们能够清晰地展示句子之间的关系，帮助读者理解作者的逻辑思路。如"and"（和）、"but"（但是）等添加性、转折性连接词的使用，能够使销售信函的论证更加严密，说服力更强。

（3）词汇衔接：词汇衔接是销售信函中最为常见的衔接手段之一。作者会围绕产品名称、服务特点、潜在利益等核心词汇进行反复强调，形成强烈的词汇连贯性。这种策略不仅能够加深读者对产品的印象，还能激发其购买欲望。

2. 连贯性的固定模式

在销售信函中，作者通常会遵循一定的连贯性模式来构建文本。例如，在样本语篇中，产品链和卖家链的提及极为普遍，它们构成了销售信函连贯性的重要组成部分。通过反复提及产品名称、卖家信息以及产品所带来的利益，作者能够在读者心中建立起清晰的产品形象，增强销售信函的说服力。

**（二）语法层面的功能文体特征**

1. 及物性系统的灵活应用

（1）物质过程：在销售信函中，物质过程被广泛应用于描述产品功能、使用效果以及潜在利益等方面。通过展示产品如何"做"某事，作者能够向读者传达产品的实用性和价值。例如，"The chilling action is continuous—and silent."（冷却作用是持续且无声的。）这句话通过物质过程描述了产品的特点，使读者对产品有了更直观的认识。

（2）关系过程：关系过程在销售信函中用于建立产品与服务之间的关联，以及描述产品的属性或特征。通过"是""成为"等关系动词，作者能够清晰地传达产品的核心价值。例如，"It is cleaned, mighty carefully cleaned…And it is absolutely free of noxious weeds."（它被仔细清洗过……而且绝对没有有害的杂草。）这句话通过关系过程强调了产品的清洁度和安全性。

（3）心理过程：心理过程在销售信函中虽然占比较低，但其在激发读者情感共鸣、增强说服力方面发挥着重要作用。通过描述潜在客户的感受或需求，作者能够拉近与读者的距离，建立信任关系。例如，"For what little time and effort you put into it, the Concentration Plan can earn might big dividends for you next year."（只需投入一点点时间和努力，专注计划就能让你在明年获得可观的回报。）这句话通过心理过程激发了读者对产品的期待和信心。

2. 语气类型的精心选择

（1）陈述语气：陈述语气在销售信函中占据主导地位，它用于提供产品信息、说明产品特点以及阐述购买理由等。通过大量使用陈述句，作者能够向读者传达清晰、客观的信息，增强销售信函的可信度。

（2）祈使语气：在促使行动部分，祈使语气的使用比例较高。作者通过祈使句来引导读者采取行动，如购买产品、咨询服务等。这种语气类型的使用能够增强信函的号召力和说服力。

**（三）词汇层面的功能文体特征**

1. 功能词与实义词的巧妙搭配

在销售信函中，功能词（如连词、介词等）和实义词（如名词、动词等）的搭配使用至关重要。通过精心选择词汇，作者能够构建出既简洁又富有说服力的文本。例如，使用强烈的动词来描述产品的功能或效果，使用形容词来强调产品的特点或优势等。

2. 前景化手法的运用

前景化是销售信函中常用的修辞手法之一。通过突出显示某些关键词汇或短语，作者能够吸引读者的注意力，增强文本的表达效果。例如，使用粗体、下划线或斜体等排版技巧来突出产品名称或重要信息；使用名人名言或权威数据来增强文本的说服力等。

综上所述，产品销售信函商务英语语篇在语篇、语法和词汇层面均展现出了一系列独特的功能文体特征。这些特征不仅有助于构建清晰的文本结构、增强说服力，还能激发读者的购买欲望，实现销售目标。

## 二、产品推介商务英语演讲的功能文体特征总结

### （一）文化语境的丰富性与交融性

产品推介商务英语演讲语篇在文化语境上呈现出丰富性与交融性的特

征。演讲者不仅遵循传统的体裁规范，还巧妙地融入个人风格和市场需求，在体裁规范方面进行突破。例如，演讲者在 iPad 产品推介演讲中，就打破了传统的体裁界限，通过故事讲述、情感诉求等元素，使得演讲更加生动、有说服力。这种交融性还体现在对不同文化习俗、生活习惯、思维方式和社会规范的尊重与适应上。乔布斯在演讲中巧妙地结合了美国文化中对个人成就的赞赏和科技领域的创新精神，这些都是美国受众普遍认同的文化价值观，从而与听众建立了文化层面上的联系，增强了演讲的吸引力和说服力。

### （二）情景语境的明确性与针对性

情景语境在产品推介商务英语演讲语篇中起着决定性作用。演讲者通过精确界定话语范围、建立恰当的话语基调以及选择合适的话语方式，来确保信息的有效传递。例如，在 iPad 产品推介演讲中，话语范围集中围绕科技产品的发布和市场营销活动，话语基调体现了演讲内容的权威性与客户对产品的信任度，话语方式则采用了口头陈述与多媒体展示相结合的方式。这种多模态的表达手段使得信息的传递既直接又生动，极大地提升了演讲的吸引力和说服力。同时，演讲者还通过视觉辅助、互动环节等多种手段来增强信息的直观性和说服力，如利用精心设计的幻灯片、视频短片和实时产品演示等。

### （三）意义层面的多维性与连贯性

在系统功能语言学视角下，产品推介商务英语演讲语篇的意义层面具有多维性与连贯性的特征。演讲者通过概念意义、人际意义和语篇意义等多个维度来传达信息。例如，在 iPad 产品推介演讲中，演讲者清晰地展现了 iPad 的功能和优势，如卓越的浏览网页体验、强大的电子邮件处理能力等，这是概念意义的体现；同时，他还表达了对 iPad 的信心和激动，并与观众建立了良好的互动关系，这是人际意义的体现；此外，演讲者还通过巧妙的衔接手段来确保文本的连贯性，如使用代词等回指语篇内的其他元素，以及利用词项复现、同义词及上下义词建立语义链接等，这是语篇意义的体现。这些衔接手段不仅使得演讲内容更加清晰、连贯，还有助于听众更好地理解和接受信息。

**（四）多模态的协同作用与强化效果**

在产品推介商务英语演讲语篇中，多模态的协同作用与强化效果尤为突出。演讲者通过听觉模态、视觉模态以及肢体语言的协同作用，成功地构建了一个全方位、多维度的交际空间。例如，在演讲者提及 App Store 时，大屏幕适时地展示出了 App Store 的图标，这一视觉模态巧妙地补充并增强了听觉模态的表达效果。同时，演讲者还通过指向价格数字、展示 iPad 产品图像等手势动作以及坚定而自信的眼神交流等肢体语言来进一步强化语言模态的效果。这些多模态的协同作用不仅增强了信息传递的力度和感染力，还营造出一种生动而真诚的演讲氛围，使听众更加投入地参与到演讲中来。

综上所述，产品推介商务英语演讲语篇在功能文体特征上呈现出文化语境的丰富性与交融性、情景语境的明确性与针对性、意义层面的多维性与连贯性以及多模态的协同作用与强化效果等特点。这些特点共同构成了产品推介演讲的独特魅力，使得演讲者能够有效地传达产品信息、塑造品牌形象并激发听众的购买欲望。

## 第二节　对商务英语教学的启示

### 一、多元读写能力的培养

**（一）重视文体特征与语言功能的结合**

从前文研究结果中，我们可以看到销售信函和产品推介商务英语演讲在语篇、语法和词汇层面都展现出了一系列独特的功能文体特征。这些特征不仅有助于构建清晰的文本结构，还能增强内容说服力。因此，在商务英语教学中，教师应重视引导学生识别并理解这些文体特征，以及它们如何服务于特定的语言功能，如信息传递、情感共鸣和行动引导等。

从语篇层面来看，销售信函和产品推介商务英语演讲都展现出高度的连贯性和衔接性。在教学中，教师应引导学生识别并理解这些连贯性模式和衔接手段，如指称、替代、省略、连接词和词汇衔接等，使学生能够在写作和口语表达中自如运用，从而提升文本的清晰度和说服力。

从语法层面来看，物质过程、关系过程和心理过程的灵活应用是销售信函和产品推介商务英语演讲的显著特征。教师应指导学生掌握这些过程的使用，学会如何准确地描述产品功能、建立产品与服务之间的关联，以及激发听众或读者的情感共鸣。通过实践练习，学生可以更好地掌握商务英语的语法特点，提高表达的准确性和专业性。

从词汇层面来看，该层面则强调功能词与实义词的巧妙搭配以及前景化手法的运用。教学中，教师应教授学生如何选择合适的词汇来传达特定的信息，如何运用前景化手法来吸引听众或读者的注意力。这有助于学生增强语言的表现力和说服力，从而更有效地传达商务信息。

### （二）培养批判性阅读与写作技能

多元读写能力强调对多种文本形式的批判性理解和创造性表达。在商务英语教学中，教师应鼓励学生通过批判性阅读产品销售信函和商务英语演讲，分析其语言特点、逻辑结构和说服策略，从而培养他们的批判性思维能力。同时，通过模仿和改写练习，学生可以锻炼自己的创造性写作能力，学会如何运用所学文体特征来构建有效的商务文本。

在商务英语教学中，教师不仅要传授学生基本的语言知识和技能，更应注重培养他们的批判性思维和创造性读写能力。这是因为在日益复杂的商务环境中，学生需要具备独立分析、判断并解决问题的能力，以及灵活应对各种商务场景和挑战的能力。

批判性思维的培养，有助于学生学会如何识别和分析文本中的信息。在商务英语学习中，学生经常需要阅读大量的销售信函、商务报告和演讲材料。通过深入分析这些文本的文体特征，如语言风格、逻辑结构、信息呈现方式等，学生可以逐渐掌握如何从中提取关键信息，评估其真实性和有效性。这种能力对于他们在未来的商务活动中做出明智的决策至关重要。

同时，创造性读写能力的培养也是商务英语教学中不可或缺的一部分。创造性读写不仅要求学生能够准确地理解和表达信息，更要求他们能够在模仿的基础上进行创新，创作出具有个性和说服力的文本。在销售信函和产品推介商务英语演讲的撰写中，学生需要学会如何运用恰当的语言和技巧来吸引读者的注意力，突出产品的特点和优势，并激发读者的购买欲望或合作意愿。通过持续的模仿和创新实践，学生可以逐渐提升自己的创造性读写能力，为未来的职业发展打下坚实的基础。

为了实现这一目标，教师在商务英语教学中应采取多种教学策略。例如，可以引导学生对销售信函和产品推介商务英语演讲进行文本分析，让他们从中学习如何运用不同的文体特征来传达信息；可以组织学生进行小组讨论和角色扮演活动，让他们在实践中锻炼自己的批判性思维和创造性读写能力；还可以鼓励学生参加各种商务比赛和项目实践，让他们在实践中不断挑战自己，提升自己的综合素质。

综上所述，在商务英语教学中注重培养学生的批判性思维和创造性读写能力是非常重要的。这不仅有助于他们更好地掌握商务英语的基本知识和技能，更有助于他们在未来的商务活动中展现出更强的竞争力和创造力。

### （三）融合多媒体与多模态教学资源

随着信息技术的迅猛发展，多媒体和多模态教学资源在商务英语教学中扮演着愈发关键的角色。这些资源不仅丰富了教学手段，还极大地提升了教学效果，尤其是在帮助学生理解复杂的商务文体特征和应用场景方面，更是展现出了无可比拟的优势。

在商务英语教学中，教师可以充分利用视频、音频、图片等多种媒介形式来展示产品销售信函和商务英语演讲的实例。这些实例往往涵盖了商务沟通中的各个方面，如产品介绍、市场分析、客户关系管理等。通过多媒体的呈现方式，学生可以更加直观地感受到这些实例中的语言特点、逻辑结构和表达技巧。例如，在观看一段产品推销视频的过程中，学生可以清晰地看到推销人员是如何运用生动的文字、恰当的肢体语言和丰富的表情来吸引观众的注意力，并有效地传达产品的特点和优势。这种直观的感知方式不仅有助于学生更好地理解和掌握商务英语的文体特征，还能激发他们学习商务英语的兴趣和动力。

除了展示实例外，教师还可以利用多媒体和多模态教学资源来制作多媒体演示文稿。这些演示文稿可以包含文字、图片、音频和视频等多种元素，能够全方位地展示商务沟通中的各个环节和细节。在制作演示文稿的过程中，教师可以引导学生积极参与，让他们根据自己的理解和创意来设计和制作演示文稿的内容。通过这种方式，学生不仅可以加深对商务英语知识的理解，还能锻炼自己的创新思维和团队合作能力。

此外，多媒体和多模态教学资源还为商务英语教学提供了丰富的在线讨论和实践机会。学生可以通过在线平台参与各种商务话题的讨论，与来自不同国家和地区的学生交流思想和观点。这种跨文化的交流方式不仅能够拓宽学生的国际视野，还能提高他们的跨文化沟通能力和团队协作能力。同时，教师还可以组织一些在线实践活动，如模拟商务谈判、产品推介等，让学生在实践中运用所学的商务英语知识和技能，进一步提升自己的多元读写能力。

融合多媒体与多模态教学资源在商务英语教学中具有广泛的应用前景和深远的意义。这些资源不仅能够帮助学生更好地理解和掌握商务英语的文体特征和应用场景，还能激发他们的学习兴趣和动力，提升他们的创新思维和团队合作能力。因此，在商务英语教学中，教师应该充分利用这些资源，不断创新教学方法和手段，为学生提供更加优质、高效的教学服务。

## 二、跨文化沟通能力的培养

### (一) 强调文化语境的融入与理解

商务英语,作为一种跨文化的交际工具,其重要性在现代全球化的商业环境中日益凸显。在商务英语的教学过程中,教师不仅要注重语言技能的训练,更要强调文化语境的融入与理解。这是因为,商务沟通往往涉及不同国家和地区的企业和个人,他们的文化背景、价值观念和社会规范各不相同,这些因素都会对商务沟通产生深远影响。

前文指出了产品推介商务英语演讲在文化语境上呈现出的丰富性与交融性特征。这一特征要求教师在商务英语教学中,不能仅停留在语言层面的教学上,更要引导学生深入了解不同国家和地区的文化背景,这包括了解各国的历史、地理、政治、经济等方面的知识,以及这些因素如何影响当地企业的商务行为和文化习惯。

同时,价值观念也是文化语境中不可或缺的一部分。在商务沟通中,价值观念的不同往往会导致沟通障碍和误解。因此,我们需要帮助学生树立正确的价值观,尊重并理解不同文化背景下的价值观念差异。这有助于学生更好地融入当地商务环境,建立良好的商业关系。

此外,社会规范也是文化语境中的重要组成部分。不同国家和地区的社会规范各不相同,包括礼仪、习俗、道德规范等。在商务沟通中,遵守当地的社会规范是至关重要的。因此,我们需要教导学生如何识别并遵守不同文化背景下的社会规范,以避免因不了解当地习俗而引发的尴尬或冲突。

通过对比分析不同文化间的商务沟通方式和特点,学生可以更好地理解并适应跨文化商务交流的需求,这包括学习如何运用恰当的语言和表达方式,以及如何在不同文化背景下进行有效的沟通和协商。这种跨文化沟通能力的培养,对于学生在未来的职业生涯中取得成功至关重要。

因此,文化语境的融入与理解在商务英语教学中具有极其重要的地位。它不仅能够帮助学生更好地掌握商务英语的基本知识和技能,更能够提升他们的跨文化沟通能力，为他们在全球化的商业环境中取得成功打下坚实的基础。因此，在商务英语教学中，我们应该注重文化语境的融入与理解，培养学生的跨文化沟通能力，以适应日益复杂的商业环境。

### （二）模拟跨文化交流情境

为了提高学生的跨文化沟通能力，教师可以设计模拟跨文化交流情境的教学活动。例如，通过角色扮演、小组讨论等方式，让学生模拟在不同文化背景下的产品推销或商务演讲场景，从而锻炼他们的语言运用能力和文化适应能力。

在系统功能语言学的指导下，我们认识到语言是社会文化的载体，它不仅是声音或文字的简单组合，更是人们交流思想、表达情感、构建社会关系的工具。因此，在模拟跨文化交流情境的教学活动中，教师应引导学生深入理解不同文化背景下的语言特征、交际习惯和思维方式。例如，在角色扮演环节，学生需要准确把握目标文化的语言风格、礼貌用语和表达方式，以确保沟通的有效性和得体性。

同时，多模态理论强调交际过程中多种符号资源的综合运用，包括语言、图像、声音、动作等。在模拟跨文化交流情境时，教师可以鼓励学生运用多种模态来传递信息和表达情感。例如，在小组讨论中，学生可以通过PPT展示、视频演示、实物展示等多种方式，结合口头陈述和肢体语言，来模拟在不同文化背景下的产品推销或商务演讲场景。这样的多模态交际方式不仅丰富了沟通内容，还增强了表达的生动性和说服力。

具体来说，教师可以设计以下教学活动。

（1）角色扮演与多模态演示：学生分组扮演不同文化背景下的商务人士，进行产品推销或商务演讲的模拟。在演示过程中，他们需要结合语言、图像、声音和动作等多种模态，来展现产品的特点和优势，同时尊重并适应目标文化的交际习惯。

（2）跨文化案例分析：教师提供真实的跨文化交流案例，引导学生分析案例中的语言运用、文化冲突和应对策略。通过案例分析，学生可以深入了解不同文化背景下的交际差异，并学会如何在未来的跨文化交流中避免误解和冲突。

（3）多模态创作与分享：鼓励学生创作多模态的跨文化交流作品，如制作视频、绘制漫画、编写剧本等。这些作品可以展示学生在模拟跨文化交流情境中的所学所得，同时也可以作为教学资源与同学分享和讨论。

通过这些教学活动的实施，学生不仅能够提高跨文化沟通能力，还能够加深对系统功能语言学和多模态理论的理解和应用。这将为他们未来的职业生涯和国际交流打下坚实的基础。

（三）引入国际案例与标准

在商务英语教学的广阔舞台上，教师不仅要传授语言知识和技能，更要引导学生深入理解并适应不同文化背景下的商务沟通风格和策略。为此，引入国际案例和标准成为一种行之有效的教学手段。这些国际案例和标准不仅丰富了教学内容，还为学生提供了一个窥探全球商务沟通实践的窗口，帮助他们更好地掌握跨文化沟通的艺术。

在系统功能语言学的视角下，语言被视为一种社会文化的反映和载体。通过分析国际知名企业的产品销售信函和商务英语演讲案例，学生可以洞察到不同文化背景下商务沟通的语言特征、交际习惯和思维模式。例如，某些文化可能更倾向于直接、明确的表达方式，而另一些文化则可能更注重礼貌、含蓄的沟通风格。这些差异不仅体现在语言表达上，还贯穿于非语言符号的运用中，如肢体语言、面部表情和语调等。通过系统分析这些案例，学生可以逐渐学会如何在不同文化背景下灵活运用语言和非语言符号，以达到有效的商务沟通。

同时，多模态理论也为商务英语教学提供了新的视角。在引入国际案例时，教师可以引导学生关注案例中的多模态交际元素，如图像、声音、动画等。这些元素与语言共同构成了商务沟通的完整画面，它们相互补充、相互强化，共同传递着信息和情感。通过分析案例中的多模态交际方式，学生可以更加全面地理解商务沟通的本质和精髓。

在引入国际案例的基础上，教师还可以进一步引导学生学习并遵循国际商务沟通的标准和惯例。这些标准和惯例是长期实践经验的结晶，它们为商务沟通提供了明确的指导和规范。通过学习这些标准和惯例，学生可以更好地掌握商务沟通的基本规则和技巧，如撰写规范的产品销售信函、进行得体的商务演讲等。同时，这些标准和惯例也有助于学生树立正确的商务沟通观念，提高他们的跨文化沟通能力。

具体来说，教师可以采取以下措施来引入国际案例和标准。

（1）精选国际案例：从全球范围内挑选具有代表性的商务沟通案例，包括产品销售信函、商务演讲视频等。这些案例应涵盖不同文化背景和行业领域，以便学生全面了解全球商务沟通的实践和差异。

（2）多维度分析案例：引导学生从系统功能语言学和多模态理论的角度出发，对案例进行多维度分析，这包括语言特征、交际习惯、思维模式以及多模态交际元素等方面的探讨。

（3）学习国际商务沟通标准和惯例：通过讲解和讨论，帮助学生了解国际商务沟通的基本规则和技巧。同时，鼓励学生查阅相关文献和资料，深入了解不同文化背景下的商务沟通标准和惯例。

（4）实践操作与反馈：设计模拟商务沟通任务，如撰写产品销售信函、进行商务演讲等。要求学生根据所学知识和国际标准进行实践操作，并通过同伴互评和教师反馈来不断改进和提高。

通过这些措施的实施，学生可以更加深入地理解并适应不同文化背景下的商务沟通风格和策略。同时，他们也能够掌握国际商务沟通的基本规则和技巧，提高自己的跨文化沟通能力。这将为他们未来的职业生涯和国际交流打下坚实的基础。

## 第三节　商务英语教学策略研究

### 一、融入功能文体分析的商务英语教学策略

在商务英语教学中，有效融入销售信函与产品推介商务英语演讲的功

能文体特征，对于提升学生的商务沟通能力至关重要。

## （一）明确教学目标

首先，需明确教学目标，即培养学生撰写高效销售信函与进行精彩推介演讲的能力，并深入理解不同商务沟通形式下的功能文体特征。通过详细分析产品销售信函在语篇、语法和词汇层面的衔接手段、连贯性模式、及物性系统应用以及语气类型选择等特征，教师可以帮助学生掌握撰写专业、有说服力的销售信函的技巧。同时，通过分析产品推介演讲在文化语境、情景语境、意义层面以及多模态协同作用等方面的特点，教师可以指导学生如何在演讲中有效传达产品信息、塑造品牌形象并激发听众的购买欲望。具体而言，可设置明确的教学目标，如下所示。

1. 撰写高效销售信函的能力

（1）知识掌握：学生应掌握销售信函的基本结构、语言特点、衔接与连贯技巧，以及常用的推销策略和表达方式。

（2）技能培养：通过实践练习，学生能够独立撰写出条理清晰、语言精炼、说服力强的销售信函。

（3）思维训练：引导学生学会从客户角度出发，分析客户需求，构思推销策略，培养逻辑思维和创新能力。

2. 进行精彩推介演讲的能力

（1）知识储备：学生需了解演讲的基本要素、结构安排、语言表达技巧，以及演讲中的非语言沟通（如肢体语言、语调、眼神交流等）。

（2）实战演练：通过模拟演讲、小组讨论、角色扮演等活动，让学生在实际操作中提升演讲技巧和应变能力。

（3）情感投入：鼓励学生将个人情感和热情融入演讲中，与听众建立情感联系，增强演讲的感染力和说服力。

3. 深入理解不同商务沟通形式下的功能文体特征

（1）理论学习：系统学习商务沟通中的不同文体（如销售信函、商务报告、商务演讲等）的特点和功能，理解其背后的社会文化背景和沟通目的。

（2）案例分析：通过分析经典案例，让学生深入理解不同文体在实际商务沟通中的应用和效果，培养学生的批判性思维和问题解决能力。

（3）实践应用：鼓励学生将所学知识应用于实际商务沟通中，通过实践不断反思和总结，提升学生的综合沟通能力。

### （二）制定教学策略

在教学策略上，教师可采用案例分析的方法。选取经典的产品销售信函和产品推介演讲实例，结合功能文体特征分析，进行详细的解读和讨论。通过引导学生分析销售信函中的衔接手段、连贯性模式以及演讲中的文化语境融合、情景语境构建等，帮助学生理解并掌握这些功能文体特征在实际应用中的运用方式。

例如，可以从语篇层面，讲解销售信函中如何巧妙运用指称、替代与省略、连接词和词汇衔接等衔接手段来建立文本内部的连贯性；分析"产品"链和"卖家"链的提及如何增强信函的说服力。从语法层面，探讨物质过程、关系过程和心理过程在销售信函中的应用，以及不同语气类型（如陈述语气、祈使语气）如何增强销售信函的说服力和号召力。从词汇层面，分析功能词与实义词的巧妙搭配以及前景化手法的运用，如何吸引读者注意力并增强文本的表达效果。

或者，从文化语境、情景语境、意义层面和多模态协同等方面剖析产品推介演讲的功能文体特征。如在文化语境层面，讲解不同文化语境下商务演讲的异同，引导学生尊重并适应不同文化习俗、生活习惯、思维方式和社会规范；在情景语境层面，分析特定情景下商务演讲的话语范围、话语基调和话语方式，以及如何选择合适的表达手段来确保信息的有效传递；在意义层面，探讨概念意义、人际意义和语篇意义在商务演讲中的体现，以及如何运用衔接手段来确保演讲的连贯性和清晰度；在多模态协同层面，讲解听觉模态、视觉模态、肢体语言的协同作用，以及如何利用多模态手段来增强演讲的感染力和说服力。

此外，教师还应鼓励学生进行实践操作。在写作课程中，要求学生撰写产品销售信函，并尝试运用所学功能文体特征进行润色和修改。在演讲课程中，设置产品推介演讲任务，鼓励学生结合个人风格和市场需求，巧妙融入文化语境和情景语境，运用多模态表达手段提升演讲效果。

### （三）注重反馈与评估

最后，教师应注重反馈与评估。在写作和演讲实践中，及时给予学生反馈，指出其运用功能文体特征的优点和不足，并提出改进建议。同时，建立科学的评估体系，从语言表达、内容逻辑、说服效果等方面全面评估学生的商务英语沟通能力。

综上所述，通过上述明确教学目标、采用科学的教学方法和策略、加强实践与应用训练等策略，可以有效培养学生撰写高效销售信函与进行精彩推介演讲的能力，并深入理解不同商务沟通形式下的功能文体特征。这将为学生未来的商务沟通和职业发展奠定坚实的基础。

## 二、基于产出导向法的教学设计

随着信息技术的飞速发展，多媒体和多模态教学资源在商务英语教学中的重要性日益凸显，而产出导向法（production-oriented approach，POA）作为一种具有中国特色的外语教学理论，旨在解决外语课堂中的"学用分离"问题，提高课堂教学效率。将产出导向法与多媒体、多模态教学资源相结合，应用于商务英语教学，可以进一步提升教学的实用性和有效性。

在商务英语教学中，教师可以借助视频、音频、图片等多种媒介形式，展示产品销售信函和商务英语演讲的真实案例。这些多媒体资源不仅能够提供丰富的语言输入，还能够帮助学生更直观地理解商务沟通中的文化语境、情景语境以及意义层面的多维性与连贯性。例如，通过播放一段商务演讲的视频，学生可以观察到演讲者如何运用不同的语气、语调、肢体语言和视觉辅助手段来传达信息，从而加深对商务演讲技巧的理解。

同时，在产出导向法的指导下，教师可以设计一系列具有挑战性的交际场景，作为驱动环节，激发学生的学习兴趣和动机。例如，在商务英语教学中的销售信函写作部分，教师可以设定一个具体的商务场景，如向潜在客户推销一款新产品，并要求学生撰写一封销售信函。在驱动环节，教师可以通过展示产品的图片、视频以及相关的市场分析报告等多媒体资源，为学生提供足够的背景信息和语言输入，引导他们思考如何有效地传达产品的特点和优势。

在促成环节，教师需要为学生提供与输入任务相关的学习材料，并引导学生进行选择性学习。这些学习材料可以包括相关领域的专业词汇、句型、范文等，也可以是通过网络、图书馆等渠道获取的额外资源。教师可以利用多媒体演示文稿、在线课程等多模态教学资源，帮助学生系统地梳理知识，掌握写作技巧。同时，教师还可以组织小组讨论、角色扮演等实践活动，让学生在模拟的商务环境中进行实际操作，提高他们的多元读写能力和商务沟通能力。

评价环节是产出导向法的重要组成部分。教师可以通过即时评价和延时评价两种方式，对学生的产出任务进行评估和反馈。在即时评价中，教师可以对学生的写作过程进行实时监控和指导，帮助他们及时纠正错误，提高写作效率；在延时评价中，教师可以对学生的最终作品进行仔细审阅和点评，指出其中的优点和不足，并提出具体的改进建议。同时，教师还可以鼓励学生进行自我评估和同伴互评，培养他们的批判性思维和自主学习能力。

将产出导向法与多媒体、多模态教学资源相结合，应用于商务英语教学，可以极大地提高教学的实用性和有效性。通过丰富多样的媒介形式和实践活动，学生可以更加直观地理解商务沟通中的文体特征和应用场景，掌握实用的商务沟通技巧和写作技巧。同时，通过教师的指导和评价，学生可以不断地改进自己的学习效果，提高自己的商务英语水平。

具体而言，教师可首先明确教学目标与产出任务，将教学目标设定为让学生"能够识别并理解产品销售信函和商务英语演讲的文体特征"、

"能够运用所学文体特征构建有效的商务文本"以及"能够在跨文化交流情境中准确、得体地运用商务英语进行沟通"。产出任务则可以设计为撰写一封产品销售信函、准备一场商务英语演讲或参与一次模拟跨文化交流活动等。

其次,驱动性问题的设置与引导。为了激发学生的学习兴趣和主动性,教师可以设置一些与教学目标和产出任务相关的驱动性问题。例如,"这封产品销售信函是如何运用词汇衔接手段来增强说服力的?""在跨文化交流情境中,我们应该如何调整自己的语言风格以适应目标文化背景?"等问题可以引导学生深入思考并积极探索答案。

再次,选择性学习与产出实践。在产出导向法的教学设计中,选择性学习是指学生在教师的指导下选择性地学习完成产出任务所需的知识和技能。对于多元读写能力和跨文化沟通能力的培养而言,学生可以选择学习产品销售信函和商务英语演讲的文体特征、语言运用策略以及跨文化交流技巧等方面的知识和技能。产出实践则是指学生在教师的指导下完成产出任务并进行展示和反馈。通过撰写产品销售信函、准备商务英语演讲或参与模拟跨文化交流活动等实践活动,学生可以锻炼自己的多元读写能力和跨文化沟通能力。

最后,评价与反馈机制的建立。在产出导向法的教学设计中,评价与反馈机制是确保教学效果的关键环节。教师可以通过同伴互评、教师点评等方式对学生的产出成果进行评价,并提供具体的反馈和建议。同时,教师还可以鼓励学生进行自我反思和总结,以便他们更好地了解自己的进步和不足,并采取相应的改进措施。

在开展教学活动时,教师可实施以下几种教学策略。

(1)案例分析与模仿练习:教师可以选取一些典型的产品销售信函和商务英语演讲案例进行分析和讲解,帮助学生理解文体特征和语言运用策略。然后,教师可以引导学生进行模仿练习,让他们尝试运用所学知识和技能来构建自己的商务文本或进行演讲准备。

(2)小组讨论与角色扮演:小组讨论和角色扮演是提高学生跨文化沟

通能力的有效方法。教师可以将学生分成小组，让他们就某个跨文化交流情境进行讨论和分析，并设计相应的应对策略。然后，学生可以扮演不同的角色进行模拟交流，以检验自己的应对策略是否有效。

（3）多媒体辅助教学资源的利用：教师可以利用视频、音频、图片等多媒体辅助教学资源来丰富教学内容和形式。例如，通过播放产品销售信函的录音或视频来帮助学生理解语言运用策略；通过展示不同文化背景下的商务交流场景来增强学生的文化意识和敏感性。

（4）实践活动的组织与实施：教师可以组织一些实践活动来锻炼学生的多元读写能力和跨文化沟通能力。例如，举办一场商务英语演讲比赛或写作比赛来激发学生的积极性和创造力；组织一次模拟跨文化交流活动来检验学生的实际应用能力。

综上所述，以产出为导向的商务英语教学应用策略需要教师明确教学目标和产出任务、设置驱动性问题、引导学生进行选择性学习与产出实践并建立评价与反馈机制。同时，教师还需要结合具体的教学策略来丰富教学内容和形式、提高学生的实际应用能力。

## 三、基于多元读写能力培养目标的教学设计

随着信息技术的迅猛发展，便携式电脑、智能手机等移动终端广泛普及，人们获取信息、拓展知识的方式日趋多样化、多模态化。外语学习者除了需要培养基本的听、说、读、写能力外，还需具备运用现代多媒体技术进行交际的媒体读写能力和技术读写能力、筛选有用信息的信息读写能力、独立鉴别分析信息的批判读写能力等。对于大学生而言，无论听专业领域的英语讲座还是查阅专业文献抑或是演示科研成果，无一不需调用多种模态资源来获取相关知识并进行创新性应用。因此，传统的读写能力培养模式已经难以适应社会对全方位发展高素质人才的需求，新形势下的商务英语教学应将多元读写能力纳入培养目标，培养学生综合运用英语及专业知识的分析能力和思辨能力，以及运用多种模态获取知识、展现英语综

合能力水平的多元读写能力，以迎接未来经济全球化、语言文化多元化和交际技术多样化的挑战。

翻转课堂为我们打开了新的教学视角。如图5-1所示，翻转课堂颠覆了传统的教学流程，对教学时间重新进行了分配，课堂成为学生知识消化、能力提升的主阵地，课前学生借助电脑和网络，学习教师指定的资源；课上采取自主探究或小组讨论等方式，解决课前学习遇到的问题，并设计相应活动进一步加强知识的内化及多元读写能力的综合提升。

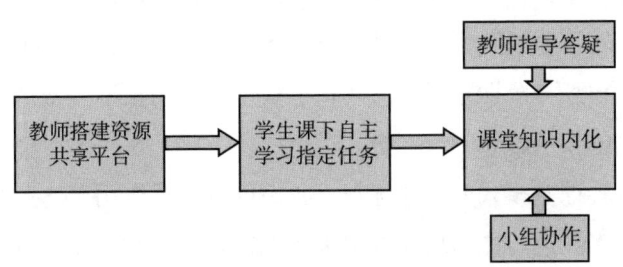

图5-1　翻转课堂雏形

相较于通用英语，商务英语更注重英语知识与专业技能的结合，并特别强调分析能力、思辨能力以及实践应用能力的培养。然而，当前商务英语课堂模式大多侧重于基本概念讲解，难以真正提升学生商务英语实践应用能力及多元读写能力。因此，完善商务英语教学模式显得尤为重要，而翻转课堂为此提供了新的视角。

卡兰兹和科普（Kalantzis and Cope，2005）认为，最利于学生学习的条件包括：一是学生在有归属感的环境中学习，即他们感到是在专属的空间、熟悉的环境中，并且是为了自己而学习；二是在具备转换条件的情境下，学生能够感知到自己在深度和广度上都能迈入新领域、探索并掌握新知识，且有实现意义转换的潜力（张德禄和张时倩，2014）。

翻转课堂刚好可以满足这两个条件：一方面，学生可以在有归属感的环境中（如宿舍、家里等）借助电脑、手机等设备登录资源共享平台，学习教师指定的课前资源，从而满足了学生在有归属感的环境中学习的需求；另一方面，课堂的翻转拓展了商务英语学习的时空边界，解决了教学手段和课堂时间受限的困境，在学生学习课前资源的前提下，教师可更充分地利用课堂时间，从广度和深度两个方面帮助学生实现意义的转换，通过教师指导答疑和小组协作的方式，实现知识的内化和升华。

此外，多元读写能力培养框架由新伦敦小组于1996年提出，包括实景实践（situated practice）、明确指导（overt instruction）、批判框定（critical framing）以及转换实践（transformed practice）四个核心组成部分，这四个部分在教学设计中应相互渗透、协同作用，以促进学生的多元读写能力发展。翻转课堂模式作为一种创新的教学组织形式，颠覆了传统的教学流程，通过重新分配课堂时间，实现了教学方式的根本性变革，与多元读写能力培养框架的理念不谋而合。

鉴于翻转课堂模式的上述优势，我们可以将其应用于商务英语教学之中，并基于多元读写能力培养框架来系统地开展教学活动。具体而言，可以通过课前自主学习、课中互动讨论和课后实践应用三个紧密相连的环节，系统地开展商务英语教学活动。

第一，课前自主学习。在课前自主学习环节，教师充分利用多元读写能力培养框架中的"实景实践"和"明确指导"原则，为学生提供丰富多样的学习资源。这些资源不仅包括与产品销售信函直接相关的"慕课"或"微课"资源，如商务英语写作课程中精心挑选的销售信函部分，还涵盖了行业背景分析、目标客户画像构建等拓展内容，以帮助学生从更广阔的视角理解销售信函的写作背景和意义。学生需要自主观看这些视频资源，并完成配套的微练习和微测试，这些练习和测试设计得既具有针对性又富有挑战性，旨在检验学生对销售信函基本结构和语言特点的掌握程度。

为了帮助学生更好地掌握销售信函的写作技巧，教师还可设置一系列引导性问题，这些问题不仅涉及销售信函的具体写作技巧，如如何吸引读者注意、如何突出产品特点、如何构建信任关系等，还能引导学生思考如何根据不同情境调整推销策略，如针对不同客户群体的推销策略、不同销售渠道的推销策略等。这些问题旨在激发学生的批判性思维，使他们能够独立思考和解决问题，为后续的课堂讨论和实践应用打下坚实基础。

第二，课中互动讨论。在课中互动讨论环节，教师可遵循多元读写能力培养框架中的"批判框定"原则，组织学生进行小组讨论或角色扮演等活动。学生围绕课前学习的内容展开深入交流，分享各自的学习心得和见解，同时提出在自主学习过程中遇到的疑问和困惑。教师则作为引导者，根据学生的讨论情况适时介入，给予必要的引导和点拨，帮助学生深化对销售信函写作的理解和掌握。通过小组讨论，学生不仅能够巩固所学知识，还能在批判性思维的培养上迈出重要一步，学会从不同角度审视和评估销售信函的优劣，为未来的写作实践提供有力支持。

角色扮演活动则是让学生模拟真实场景，如销售人员与客户之间的对话、销售团队内部的讨论等，通过模拟实践，学生不仅能够巩固所学知识，还能在实践中锻炼自己的沟通能力和应变能力。同时，角色扮演活动还能够激发学生的创新思维，使他们能够从不同角度审视和评估销售信函的优劣，为未来的写作实践提供有力支持。

第三，课后实践应用。在课后实践应用环节，教师依据多元读写能力培养框架中的"转换实践"原则，布置一系列与产品销售信函相关的写作任务或项目。这些任务或项目不仅要求学生将所学知识应用于实际情境中，撰写一封推销自己产品或服务的信函，还鼓励学生尝试将信函发送给潜在客户或合作伙伴，以检验其实际效果。通过实践应用，学生不仅能够进一步巩固所学内容，还能在真实的市场环境中锻炼自己的英语实践能力，提升销售信函的针对性和说服力。

为了帮助学生更好地完成实践任务，教师还应提供丰富的资源和支持，如写作模板、案例分析、写作技巧等。同时，教师应鼓励学生之间进行互评和互助，通过分享和交流彼此的作品和心得，共同提高写作水平。此外，教师还可以引导学生对实践结果进行反思和总结，分析销售信函的发送效果及潜在客户的反馈，从而不断优化自己的推销策略。

在教学设计的实施过程中，教师应高度重视评估与反馈环节，将其视为促进学生多元读写能力发展的重要手段。教师遵循多元读写能力培养框架的核心理念，采用作业、测试、小组讨论等多种方式收集学生的学习数据，全面了解他们的学习进度和存在的问题。同时，教师还鼓励学生进行自我评价和同伴评价，培养他们的自我反思能力和团队合作精神。在评价过程中，教师不仅要关注学生的知识掌握程度，还应重视他们的学习态度、创新思维和问题解决能力等方面的表现。通过及时的反馈和指导，教师能够帮助学生明确自己的优势和不足，为后续的学习和发展提供有针对性的建议和支持。

## 第四节　对相关领域研究的贡献

本书对相关领域研究的贡献主要体现在提供新的研究视角与思路方面，具体可以归纳为以下几点。

第一，定量分析与语料库构建在商务写作中的创新应用。本书突破性地采用了定量分析的方法，针对大量英文销售信函构建了全面的语料库，深入挖掘了数据背后的语言特征与文体模式。这一创新性的研究路径不仅显著提升了分析的精确度和效率，还为商务写作领域的研究提供了新的量化分析范式，为后续研究开辟了新的道路。

第二，衔接手段的系统性分析框架。在销售信函的研究中，本书系统性地探讨了衔接手段（如指称、替代与省略、连接和词汇衔接等）的应用，并构建了衔接链分析框架。这一框架不仅揭示了衔接手段在维持语篇连贯性方面的核心作用，还深入剖析了它们如何增强信息记忆点、促进购买决策，为理解销售信函的交际功能和效果提供了全新的视角。

第三，及物性系统在功能文体分析中的深化应用。本书将及物性系统理论引入英文销售信函的分析中，通过细致划分不同类型的过程（物质过程、心理过程、关系过程等），深入剖析了这些过程在销售信函中的分布特征和功能实现。这一深化应用不仅丰富了功能文体分析的理论体系，还为销售信函的写作策略和效果评估提供了更为精细的分析工具。

第四，多模态话语分析在演讲研究中的创新整合。本书在产品推介演讲的分析中，创新性地整合了多模态话语分析的理论框架，综合考虑了语言模态（如口头语言、书面文字）、视觉模态（如幻灯片、视频短片）和听觉模态（如产品演示声音、音乐音效）等多种符号系统的相互作用。这一整合视角不仅拓展了演讲研究的分析维度，还为理解产品推介演讲中多模态信息的协同作用提供了更为全面的分析路径。

第五，情景语境与文化语境的深度剖析。本书深入剖析了情景语境（如话语范围、话语基调、话语方式）和文化语境（如文化习俗、生活习惯、社会规范）在产品推介演讲中的重要作用。通过细致分析这些语境因素如何影响演讲的语言选择、表达方式以及听众的理解和反应，本书为理解产品推介演讲的交际意义和文化内涵提供了更为深入的视角。

第六，及物性过程与语气类型的综合分析。本书将及物性过程与语气类型相结合，对产品推介演讲中的语言特征和功能进行了综合分析。通过划分不同类型的过程（如物质过程、心理过程等）和语气（如陈述、疑问、祈使、感叹），本书揭示了它们在演讲中的分布特征、功能实现以及如何共同作用于听众的理解和反应。这一综合分析不仅深化了对产品推介演讲语言特点的理解，还为演讲策略的制定和效果评估提供了更为精细的分析工具。

综上所述，本书通过提供新的研究视角和思路，在产品销售信函和产品推介演讲的功能文体分析领域作出了重要贡献，为商务写作和演讲研究开辟了新的研究方向和路径。

# 第六章 结论与建议

## 第一节 研究结论

### 一、产品销售信函的功能文体特征及其语言策略

**(一) 语篇层**

本书研究发现,产品销售信函在语篇层面展现出高度的结构化和连贯性。开头部分通常通过称呼语和寒暄语建立联系,迅速吸引读者注意;主体部分则详细阐述产品特点、优势及潜在利益,通过指称、替代与省略、连接词和词汇衔接等策略,实现信息的有效传递;结尾部分则通过呼吁行动、提供联系方式等方式,强化说服效果并促进读者采取购买行动。这些结构特征共同构建了一个清晰、连贯且富有说服力的文本框架。

**(二) 语法层**

在语法层面,产品销售信函广泛运用及物性系统,包括物质过程、关系过程和心理过程,来展示产品功能、建立产品与服务之间的关联,并激发读者情感共鸣。情态动词的使用增强了信息的可靠性和建议的合理性,

疑问句的运用能够引发读者思考并促进互动，条件句的构建则通过假设场景来展望产品带来的好处，进一步巩固内容说服性。这些语法结构共同作用于信函中，建立读者信任、引导其行动并提升说服效果。

### （三）词汇层

产品销售信函在词汇层面表现出明显的专业性、描述性和说服性。专业术语的使用增强了销售信函的专业性，产品特性的描述词汇则详细阐述了产品的特点和优势；而说服性词汇则通过强调利益、制造紧迫感等方式激发客户兴趣。这些词汇的选择和搭配不仅体现了产品的价值，还成功引导了读者的注意力，增强了销售信函的说服力。

### （四）文字层

在文字层面，产品销售信函的格式、排版和字体等书写特征体现了其正式性、专业性和易读性。规范的格式和排版增强了销售信函的视觉效果，清晰的字体和字号则确保了信息的可读性。这些特征共同作用于销售信函的整体呈现，提升了其专业形象和吸引力。

## 二、产品推介演讲的功能文体特征及其语言策略

### （一）语言策略分析

产品推介演讲在语言使用特征上表现出高度的专业性、说服力和感染力。词汇的选择精准且富有感染力，通过行业术语和生动形象的词汇来展现产品的特点和优势。句式的运用灵活多变，长短句相结合，既保证了信息的清晰传达，又增强了语言的韵律感和节奏感。修辞手法的运用，如比喻、排比等，则进一步增强了产品推介演讲的生动性和说服力。这些语言策略共同作用于产品推介演讲中，提升了其专业性和感染力。

### （二）文化语境与情景语境的融合

产品推介演讲还巧妙地融合了文化语境和情景语境。演讲者不仅遵循

了传统的体裁规范,还在其中融入了个人风格和市场需求,进行体裁规范的突破。通过讲述故事、情感诉求等元素,演讲者成功与听众建立了文化上的联系,增强了产品推介演讲的吸引力和说服力。同时,演讲者还通过精确界定话语范围、建立恰当的话语基调以及选择合适的话语方式等策略,确保了信息的有效传递和听众的积极参与。这些语境的融合使得产品推介演讲更加生动、有说服力。

## 三、商务英语功能文体分析的教学应用策略

本书还探讨了如何将商务英语功能文体分析的理论和方法应用于商务英语教学,提高学生的跨文化沟通能力和商务英语运用能力,研究结论如下。

### (一)有必要将功能文体分析融入商务英语教学

将功能文体分析融入商务英语教学,能够帮助学生深入理解商务英语沟通中的语言特点、结构模式和表达技巧。通过详细剖析产品销售信函的衔接手段、连贯性模式、及物性系统应用以及语气类型选择等特征,学生能够掌握撰写专业、有说服力的销售信函的方法。同时,通过分析产品推介演讲在文化语境、情景语境、意义层面以及多模态协同作用等方面的特点,学生能够提升在产品推介演讲中有效传达产品信息、塑造品牌形象并激发听众购买欲望的能力。

### (二)明确教学目标是教学策略实施的关键

在商务英语教学中,明确教学目标至关重要。本书提出的教学目标包括培养学生撰写高效销售信函与进行精彩推介演讲的能力,并深入理解不同商务沟通形式下的功能文体特征。这些目标的设定有助于教师在教学过程中有针对性地开展教学活动,确保学生能够全面掌握商务英语沟通的核心技能。

### (三)多样化的教学活动有助于提升学生能力

为了有效实施功能文体分析的教学策略,教师应设计多样化的教学活

动。例如，可以组织学生进行销售信函的撰写练习，要求他们运用所学的衔接手段、连贯性模式和语气类型等技巧来构建有说服力的文本。同时，还可以安排学生进行产品推介演讲的模拟练习，让他们在实践中掌握演讲的技巧和要点。此外，教师还可以引入案例分析、小组讨论等教学方法，以激发学生的学习兴趣和积极性。

### （四）跨文化沟通能力的培养需贯穿始终

在商务英语教学中，培养学生的跨文化沟通能力至关重要。教师应注重引导学生了解不同文化背景下的商务沟通习惯和表达方式，帮助他们建立跨文化沟通意识。通过对比分析不同文化背景下的商务沟通案例，学生可以更好地理解并适应不同文化背景下的商务沟通需求。同时，教师还可以鼓励学生积极参与国际交流项目或实践活动，以提高他们的跨文化沟通能力和商务英语运用能力。

综上所述，本书深入探讨了商务英语中销售信函和产品推介演讲两种主要形式的功能文体特征及其语言策略。通过详细分析语篇、语法、词汇和文字等多个层面，揭示了这些文本在构建清晰结构、增强说服力、激发读者兴趣等方面的独特魅力和有效策略。这些发现不仅为商务英语学习和实践提供了理论指导和实践参考，还为商务沟通和营销实践提供了有益的启示和借鉴。此外，研究表明，将商务英语功能文体分析的理论和方法应用于商务英语教学是切实可行的。通过明确教学目标、设计多样化的教学活动以及注重跨文化沟通能力的培养，教师可以有效地提升学生的商务英语沟通能力和运用能力。这些教学策略的实施不仅有助于学生在未来的职业生涯中更好地适应国际商务环境的需求，还能够为他们的个人发展奠定坚实的基础。

## 第二节 研究内容的局限性

尽管本书的研究内容在提供新的研究视角与思路方面作出了显著贡献，但仍存在一些局限性。

第一,语料范围的局限性:本书的研究内容主要聚焦于英文销售信函和商务英语演讲中的产品推介环节,虽然选择了具有代表性的案例(如iPad产品推介演讲),但语料的选择仍可能受到一定限制,未能涵盖所有类型的商务沟通场景和地域文化背景。因此,本书研究结果的普适性可能受到一定影响。

第二,定量分析方法的局限性:虽然本书对大量英文销售信函进行了深入的定量分析,并构建了全面的语料库,但定量分析方法的应用也存在一定局限性,可能无法完全捕捉到语言使用的复杂性和多样性,导致某些细微的语言特征被忽略。

第三,多模态话语分析的局限性:本书在多模态话语分析方面进行了有益探索,但多模态数据的收集和处理仍面临一定挑战。例如,不同模态之间的数据同步和整合可能存在一定的技术难度,导致分析结果可能受到一定影响。此外,多模态话语分析的理论框架和方法体系仍需进一步发展和完善。

第四,理论框架的局限性:本书虽然采用了系统功能语言学等理论框架进行分析,但这些理论框架本身也存在一定的局限性。例如,系统功能语言学虽然强调语言在社会互动中的角色和应用,但可能过于注重语言的结构和功能分析,而忽略了语言使用者的主观能动性和社会文化背景的动态变化。

综上所述,本书的研究内容在提供新的研究视角与思路方面作出了显著贡献,但仍存在一些局限性。未来的研究可以进一步拓展语料范围、完善定量分析方法、优化多模态话语分析技术,并探索更加全面和深入的理论框架,以更全面地揭示商务沟通中的语言特点和说服策略。

## 第三节 未来研究建议

本书主要基于系统功能语言学理论和多模态视角对销售信函和产品推介演讲进行了系统功能文体分析,仍存在不少不足之处,以下是对未来研究的几点建议。

第一，扩大语料范围与多样性：未来的研究应进一步扩大语料的选择范围，涵盖更多类型的商务沟通场景和地域文化背景。通过收集和分析来自不同行业、不同国家和地区的销售信函和演讲材料，可以更全面地了解商务沟通中的语言特点和说服策略。同时，研究可以关注不同沟通渠道（如电子邮件、社交媒体、视频会议等）中的语言使用差异，以揭示数字化时代商务沟通的新特点。

第二，深化定量与定性研究结合：在定量分析方面，未来研究可以探索更加精细和多样化的数据分析方法，如机器学习、自然语言处理等先进技术，以更准确地捕捉语言使用的细微特征和模式。在定性分析方面，可以引入更多的人文社会科学理论和方法，如批判性话语分析、文化分析等，以便更深入地理解语言使用的社会文化背景和意识形态影响。定量与定性研究的结合可以更加全面地揭示商务沟通中的语言特点和说服机制。

第三，优化多模态话语分析技术：未来的研究应进一步优化多模态话语分析技术，提高数据同步和整合的精度和效率。可以探索更加先进的多媒体处理技术和数据分析方法，以更准确地捕捉不同模态之间的相互作用和协同作用。同时，可以关注多模态数据在商务沟通中的具体应用和效果评估，如视觉设计、音频效果、动画演示等如何影响听众的理解和反应。

第四，探索跨学科研究方法：未来的研究可以探索跨学科的研究方法，如结合心理学、社会学、经济学等领域的理论和方法，以更深入地理解商务沟通中的语言使用和说服机制。通过跨学科的研究视角和方法，可以揭示更多影响商务沟通效果的因素和机制，为商务沟通的实践提供更加全面的指导和支持。

第五，加强理论与实践的结合：未来的研究应更加注重理论与实践的结合，将研究成果应用于实际的商务沟通实践中。可以通过案例分析、实地调研等方法，了解商务沟通中的实际问题和需求，并针对性地提出解决方案和建议。同时，可以开展培训和教育项目，将研究成果传授给商务沟通从业者，提高他们的语言运用能力和沟通技巧。

综上所述，未来的研究应在扩大语料范围、深化定量与定性研究结合、优化多模态话语分析技术、探索跨学科研究方法以及加强理论与实践结合等方面做出努力，以便更全面地揭示商务沟通中的语言特点和说服机制，为商务沟通的实践提供更加全面和深入的指导和支持。

# 参考文献

[1] 白洋. 对英文推销信的功能文体学分析 [J]. 黑河学院学报, 2017, 8 (6): 162 - 163.

[2] 陈悦笛. MOOC 平台上商务英语视听说课程多模态教学模式探究 [J]. 湖北开放职业学院学报, 2020, 33 (5): 172 - 174.

[3] 窦瑞芳.《多模态交际分析》评述 [J]. 海外英语, 2015 (18): 169 - 170.

[4] 方燕燕, 桂林. 韩礼德三大元功能视角下英汉商务函电的对比评估研究 [J]. 新丝路（下旬）, 2016 (11): 223, 226.

[5] 高天. 体裁分析理论在商务英语信函研究中的应用：以《致股东信》的体裁分析为例 [J]. 湖北第二师范学院学报, 2013, 30 (6): 17 - 21.

[6] 郭芸, 任再新. 基于语料库的首席执行官报告的体裁分析 [J]. 厦门理工学院学报, 2015, 23 (4): 83 - 88.

[7] 胡壮麟. 语篇的衔接与连贯 [M]. 上海：上海外语教育出版社, 1994.

[8] 胡壮麟, 朱永生, 张德禄, 李战子. 系统功能语言学概论 [M]. 北京：北京大学出版社, 2005.

[9] 黄立鹤. 多模态语用学视域下的言语行为与情感因素 [J]. 当代修辞学, 2019 (6): 42 - 52.

[10] 江进林, 许家金. 基于语料库的商务英语语域特征多维分析 [J]. 外语教学与研究, 2015, 47 (2): 225 - 236, 320.

[11] 刘世生, 朱瑞清. 文体学概论 [M]. 北京: 北京大学出版社, 2006.

[12] 申丹. 西方现代文体学百年发展历程 [J]. 外语教学与研究, 2000 (1): 22-28, 78.

[13] 孙艳. 从文体学角度对《达洛卫夫人》的叙事性分析 [J]. 芒种, 2013 (12): 167-168.

[14] 王关富, 蒋显璟. 外贸英语写作 [M]. 北京: 中国人民大学出版社, 1999.

[15] 王立非, 崔璨. 论商务英语跨学科研究范式与方法 [J]. 外语界, 2019 (2): 58-64.

[16] 温植胜. 论体裁综合分析观对商务语篇的解释力 [J]. 中国ESP研究, 2010 (1): 27-36, 190.

[17] 吴素伟. 多模态构式语法研究: 理论渊源、研究框架与发展前瞻 [J]. 北京第二外国语学院学报, 2022, 44 (2): 96-108.

[18] 杨梅. 商务英语推介的多模态案例研究: 以美国洛杉矶硅谷博士商演项目推介为例 [J]. 中国ESP研究, 2017, 8 (2): 57-69, 161.

[19] 姚金璐, 王斌. 从认知文体学看D.H劳伦斯《请买票》 [J]. 戏剧之家, 2016 (20): 246-247.

[20] 张德禄. 多模态话语分析综合理论框架探索 [J]. 中国外语, 2009, 6 (1): 24-30.

[21] 张德禄. 语言的功能与文体 [M]. 北京: 高等教育出版社, 2005.

[22] 张德禄, 袁艳艳. 动态多模态话语的模态协同研究: 以电视天气预报多模态语篇为例 [J]. 山东外语教学, 2011, 32 (5): 9-16.

[23] 张德禄, 张时倩. 论设计学习: 多元读写能力培养模式探索 [J]. 解放军外国语学院学报, 2014, 37 (2): 1-8, 159.

[24] 邹斌, 钱婷婷, 王雪滢. 跨学科商务英语课程设置需求分析——以西交利物浦大学为例 [J]. 中国ESP研究, 2021 (4): 69-76, 102.

[25] Baltrušaitis T, Ahuja C, Morency L P. Multimodal machine learning: A survey and taxonomy [J]. IEEE Transactions on Pattern Analysis and Machine Intelligence, 2018, 41 (2): 423 – 443.

[26] Bhatia V K. Analysing genre: Language use in professional settings [M]. Routledge, 2014.

[27] Biber D, Conrad S, Cortes V. Grammar and meaning: Corpus-based investigations [J]. Journal of English Linguistics, 2004, 32 (2): 134 – 149.

[28] Block D L. The social turn in linguistics [M]. In D. L. Block & D. I. S. Deutscher (Eds.), The Social Turn in Linguistics: Implications for Anthropology. Cambridge: Cambridge University Press, 1986: 3 – 23.

[29] Caglayan O, Caglayan A K, Baki C, Yilmaz Y, Dogan S. Multimodal machine translation: A literature review [J]. Artificial Intelligence Review, 2019, 44 (2): 187 – 222.

[30] Chaney L H, Martin J S. The essential guide to business etiquette [M]. Bloomsbury Publishing USA, 2007.

[31] David Crystal. The Cambridge Encyclopedia of Language [M]. Cambridge: Cambridge University Press, 1987.

[32] Dos Santos V B M P. Genre analysis of business letters of negotiation [J]. English for specific purposes, 2002, 21 (2): 167 – 199.

[33] Eggins S. An introduction to Systemic Functional Linguistics [M]. London: Frances Printer, 1994.

[34] Fairclough N. Critical discourse analysis [M]. The Routledge handbook of discourse analysis. Routledge, 2013: 9 – 20.

[35] Frailey L E. (Lester Eugene), Handbook of Business Letter, 3rd Ed, Beijing: Zhongxin Press, 1999.

[36] Frank J. On the Englishes Used in Written Business Communications Across Cultures: Implications for Transnational Marketing Direct by Mail [J]. Journal of Language for International Business, 1991, 3 (2): 109 – 127.

[37] Ghezeljeh F H, Moini M R. The importance of cross-cultural awareness in writing sales promotion letters [J]. Procedia – Social and Behavioral Sciences, 2013, 70: 771 – 776.

[38] Gumperz J J. Linguistic and social interaction in two communities [J]. American anthropologist, 1964, 66 (6): 137 – 153.

[39] Hall, E. T. Beyond culture. [M]. New York: Anchor Press. 1976.

[40] Halliday M A K. An Introduction to Functional Grammar [M]. Beijing: Foreign Language Teaching and Research Press, 2000.

[41] Halliday M A K, Hasan R. Cohesion in English [M]. Beijing: Foreign Language Teaching and Research Press, 2001.

[42] Halliday M A K, Hasan R. Language, Context, and Text: Aspects of Language in a Social Semiotic perspective [M]. Geelong, Victoria: Deakin University Press, 1985.

[43] Halliday M A K. Language as Social Semiotic: The Social Interpretation of Language and Meaning. Peking: Foreign Language Teaching and Research Press [M]. Peking: Foreign Language Teaching and Research Press, 2001.

[44] Hermeking M. Culture and Internet consumption: Contributions from cross-cultural marketing and advertising research [J]. Journal of Computer-mediated Communication, 2005, 11 (1): 192 – 216.

[45] Hyland K, Hamp – Lyons L. EAP: Issues and directions [J]. Journal of English for Academic Purposes, 2002, 1 (1): 1 – 12.

[46] Hymes D. On communicative competence [J]. Sociolinguistics/Penguin, 1972.

[47] Jewitt C. The Routledge handbook of multimodal analysis [M]. London: Routledge, 2009.

[48] Kalantzis M, Cope B. Learning by design [M]. Common Ground, 2005.

[49] Katie Wales, A Dictionary of Stylistics [M]. London: Longman, 1989.

[50] Kecskes I, Papp T. Cultural differences and pragmatic failure in international business communication [J]. Journal of Pragmatics, 2000, 32 (2), 233-252.

[51] Khammari H. Multimodality in Teaching English for Specific Purposes in Higher Education: The case of teaching Business English at ISIG Kairouan [J]. TESOL and Technology Studies, 2023, 4 (2): 49-58.

[52] Kress G, Van Leeuwen T. Multimodal Discourse: The Modes and Media of Contemporary Communication [M]. London: Arnold, 2001.

[53] Leech G N, Michael H. Short. Style in Fiction: A Linguistic Introduction to English Fictional Prose [M]. Peking: Foreign Language Teaching and Research Press, 2001.

[54] Liu F. The Application of Multimodal Discourse Theory in the Teaching of Business English Writing Course [J]. International Journal of New Developments in Education, 2022, 4 (13).

[55] Marzá N E, Gómez I F. New genres and new approaches: Teaching and assessing product pitches from a multimodal perspective in the ESP classroom [J]. Porta Linguarum Revista Interuniversitaria De Didáctica De Las Lenguas Extranjeras, 2022 (38): 65-81.

[56] Minasyan E, Midova V, Trostina K, et al. Linguo-Stylistic Properties of Business English Discourse [C]. SHS Web of Conferences. EDP Sciences, 2018, 50: 1-6.

[57] Norris S. Analyzing multimodal interaction: A Methodological Framework [M]. Routledge, 2004.

[58] Shauki N B I, Singh M K S, Zulkifle N F M. Contrastive Rhetorical Analysis of Business Undergraduates' Sales Email Structure [J]. International Journal of Language Education and Applied Linguistics, 2022: 46-56.

[59] Sperber D, Wilson D. Relevance: Communication and Cognition [M]. Beijing: Foreign Language Teaching and Research Press, 2001.

[60] Unsworth L. Multimodal semiotic analyses and education [J]. Multimodal semiotics: Functional analysis in contexts of education, 2008: 1-12.

[61] Valeiras-Jurado J, Morell T. How do presenters engage with their audience? Speakers' multimodal interpersonal behaviour in research dissemination talks [J]. Multimodal Communication, 2020, 9 (2): 1-30.

[62] Wu T, Wang Z, Li J, et al. How Businesses Might Prevent Issues Arising from Cultural Differences in Online Negotiations [C]. 2022 7th International Conference on Financial Innovation and Economic Development (ICFIED 2022). Atlantis Press, 2022: 2583-2592.

[63] Yunhua Wang, Haibo Liu, Constructing a Business English Talent Cultivation Model from the Perspective of Language Economics: A Case Study of an Applied Undergraduate University in Fujian Province [J]. Journal of Human Resource Development, 2023 (5): 1-5.